钱穆

钱穆先生著作系列

文化学大义

九州出版社
JIUZHOUPRESS

文化學大義

钱穆先生国文选书

新校本说明

　　钱穆先生著作简体新校本，经钱胡美琦女士授权出版，以钱宾四先生全集编辑委员会所编《钱宾四先生全集》繁体版为本，进行重排新校，订正其中体例、格式、标号、文字等方面存在的疏误，内容保持《全集》版本原貌。

　　本书系钱穆先生于一九五〇年十二月第一次由香港到台北在省立师范学院作讲演的讲词整理而成。一九五二年初版时，除讲演稿外，并附先生《世界文化之新生》《孔子与世界文化新生》及《人类新文化与新科学》三文。初版梓行后，先生续有增润，一九八七年曾拟重排新版，加添意旨相近之六文（现附录第四至第九篇）。并即写成再版序一文。简体版即以一九八七年先生整编之书稿为底本。

目　录

弁言

　　本稿系一九五〇年十二月在台湾省立师范学院连续四次八小时之讲演，由师院同学杨君寿彭、张君恭万、张君永强所笔记，又经师院教授杜呈祥先生之整理。事后又经作者稍加润饰，然大体仍保持原讲之体段。旅次冗杂，未遑精思。旧著《中国文化史导论》，近方再版，可与本稿并读。短文三篇，亦成于是年之冬，因与本稿大旨相同，并以附刊于后。

　　　　　　　　　　　　　　一九五一年三月钱穆识于台北旅次

再版序

五十余年前，中国对日抗战时，欧洲第二次英、法、德、意之战亦随之继起。其时中国云南昆明西南联大有好几位教授，多曾留学美欧，创办一杂志，名《战国策》。讨论世界将来局势，以中国战国时代为例。分全世界为两大势力圈，一美国，一苏俄。美国如战国时代东方之齐，苏俄如战国时代西方之秦。此下天下归于一，或齐或秦，为该杂志讨论一中心。

其实苏俄在当时欧战中，亦归附英、法一面，国力尚薄弱，不如后来之受人重视。而《战国策》杂志编纂诸公，已预料此下当为一美、苏对抗之局面。此亦不得谓非能于世界大局演变有先见，有预瞩。此后五十年，国际局势展演，乃果如当时《战国策》诸公所预料。

但在最近，乃有美、苏两邦裁减核子武器之和谈，而全世界之紧张局势亦因之大为松弛。此下世界局势将可望不会有核子战争之危险。而且尚不止此，即帝国主义之长期争衡亦终将衰歇。欧洲英、法两国之帝国主义已显告停止可不论。即如美国，自其对韩对越，更如其自对日抗战后之对菲律宾，及其最近对东欧波斯湾之伊朗言，亦可为美国不能继续英、法以往帝国主义旧轨辙一明证。美国不能继续欧洲之帝国主义既如此，而苏维埃则既就最近美、苏商谈防止核子武器发展之一事为例，亦可知其同亦不能再继续履行发展其以前之帝国主义，亦已大势可睹。不烦再加深究。

帝国主义既告衰退，此下世界，国际局势必将随之一新。将来之和平展望已大增，此不得不谓乃出人意料外之世界一大变局，一大进步，亦不待多疑矣。

然则观于当前美、苏之核武和谈，此下世界之国际和平，当与以前帝国争霸之局面大相异。此一演变，已属明显，不至再蹈前辙，殆可无疑。小冲突、小纷争，固亦骤难停止，骤难断绝。要之，与以前之帝国争衡有大不同，此则已可判定。

今再言资本主义，其与帝国主义原本如一鸟之两翼，乃同时而并起，亦互助以相成。帝国主义既衰退，资本主义亦无法单独绵延，常此伸张。如今之日本，虽为世界首富之国，然其势不可久。此下如何演变，固难详说。而大势所趋，亦可逆料。此下世界，既无帝国主义之争强，亦不能有资本主义之争富。然则此下之所谓和平共存，其大势又如何？

此亦无法作事先具体之描述，而大体局势，则宜可约略推想。以今世界论，五大洲诸民族，文化先进，一为欧洲，一为中国。前述之帝国主义、资本主义皆源自欧洲，而中国传统则无之。此下欧洲型渐告衰退，则与之相代而继起者，宜将为中国型，此亦可姑作先展，略为预定。

窃谓当前世局，欧洲型亦早有转向中国型之趋势。就美国言，如彼中近有人提倡三世同居之新家庭制。每一家庭，上有祖父母，下有孙儿女，老吾老以及人之老，幼吾幼以及人之幼。由齐家而达于治国、平天下，三世同居之新家庭制，即已有此把握之先兆。美国人果能推行此制，自当感其可安可乐，又何艰难困苦之有。则当前美国人之中国化，岂不已跃然在望，亦可指而睹矣。

又如最近之欧洲人，有提倡全欧洲组织成一联合国之提议，由当前之共同商业联盟，一进而为此下全体政局之宪法联盟，此亦非难能之事。全欧洲最近共三十余国，傥成一联邦，尚短于美国之五十一州，岂不易举可能。然而全欧洲傥果能合成一联邦，则岂不如中国之由战国统一而为秦汉，一切大变动亦可无烦深言矣。

由上言之，故由近代时局一变而成一新世界，其实仍是一旧世界。其事非不可能，其大变乃在由外转内，由分转合，由个人转而为大群，其机括只在各自内心之一转念间，而其变即可达。不烦有哲学，亦不烦有科学。不烦有宗教，亦更不烦有法律，而社会之一切变动，则各人内心一转念间已定，而一切所愿所望则尽在是矣。此真指顾间事，更可不待再作艰深之研讨。

余之创为此《文化学大义》一书，乃在三十七年前，余初次来台湾，经八小时之讲演而写成。迄今还念此三十七年世界大势一切变动，难可觊缕。今日之台湾，可谓已与当时即三十七年前大不同。而世界之变，则更有其大者。但以今日三十七年后之读者，来读吾此书，岂不亦如即日面谈，何堪想及此三十七年长时期中一切变动之详。然则迄今以下，更三十七年，世界之变，又当如何？但异地有变，异时有变，人之一心则只在此方寸间。举世十几兆人之心，大体亦约略相同，俨如一心。上下三四千年间，古今人心亦如此。余之根据把捉，即在此心。故可以畅言天下事，畅言数十年百年间事，而仍如在吾胸之方寸间。中国文化之所以可大可久者正在此，而又何足诧异之有。

以今日之大势言，则举世人之此心，为外面之帝国主义、资本主义剥夺侵占以去，已不知其几何世矣！然而天赋此心，乃人之常新，自然日新而不绝。今日帝国主义、资本主义方将日告衰歇，而此心则依然如故。人不能自见己心，而此心之在外，则犹镜可鉴。吾中华五千年相传之文化传统即不啻如一镜。读者试反忖之己心，外觇世变，则必有其体悟之所在矣。余诚不胜其深企之。此书再版，乃为此序，又不胜其再三重复而申言之如此。

一九八七年十月先总统诞辰纪念日，钱穆识于台北士林外双溪之素书楼，时年九十有三

一 为什么要讲文化学

我这一次要向诸位作一较有系统的连续讲演，讲题是"文化学大义"。

我想诸位都很注意到当前的国事，乃至世界整个时局之推演。我为什么在此紧张时期来作这一番讲演呢？我也有我的用心所在，应该在题前先行陈述。

在我的看法，今天的中国问题，乃至世界问题，并不仅是一个军事的、经济的、政治的，或是外交的问题，而已是一个整个世界人类的文化问题。一切问题都从文化问题产生，也都该从文化问题来求解决。我们可以说，最近两百年来，整个世界的一切人事，都为近代的西洋文化所控制、所领导。我们纵不能说近代西洋文化即算是世界文化，但它确有这个力量，把整个世界控制、领导了。这一形势，直到今天依然存在。但我们也不能不说，近代的西洋文化，实在已出了许多毛病。远从第一次世界大战起，西洋文化的内在病痛，早已襮露。当时西方也曾有不少思想家，感觉到这点，他们都想为西洋文化寻觅新生。可惜是这一种觉悟，还来不及到具体化的阶段，而第二次世界大战，早已接踵继起。此刻则第二次世界大战的残局还未收拾干净，而第三次世界大战之威胁，又已临头。试问若非西洋文化本身内部出了毛病，如何会接二连三的发生大战？

我们若明白得这一点，则知除非西洋文化本身有一大转变，获得新生，即使第三次大战结束，不论谁胜谁败，一切问题仍然存在。此后的世界，将仍不得和平，仍不得安宁。若使战争可以解决问题，则第一、第二次世界大战，早该把问题解决了。前两次的世界大战，解决不了问题，第三次大战，将依然解决不了问题，仍将从整个文化问题上寻求根本的出路。除非有一新的领导世界的文化出现，现有世界的一切纠纷仍将永远延续。病象尽可有变化，病根还是存在，将永远作梗。

至于中国文化，远的不说，至少在此一百年来，早已病痛百出。除非中国文化，有一彻底的新生，中国近百年来种种失败，种种苦痛的历史，也将继续推演；而且将愈演愈深，愈演愈烈。

根据上述看法，无论中国乃及世界问题，都使我们要着眼到文化问题上去。

一切问题，由文化问题产生。

一切问题，由文化问题解决。

二 文化学是什么一种学问

"文化"二字，现在已成口头禅，时时听人讲到，处处看人文章上写到，但至今还没有正式成为大学一学科。然亦早该是需要正式成立这一学科的时候了。我们本来没有社会学，因我们需要有社会学，社会学终于成立；我们本来没有经济学，因我们需要有经济学，经济学终于产生。一切学科全都如此。今天我们已急切需要有一门"文化学"，而此学科尚未正式产生、成立，则我又将如何来讲这门学问呢？正为个人对此，比较有兴趣，比较时时肯注意，此刻只将个人历年来用心所得，约略讲一个大概。

这完全不是根据某几家的学派，或某几部的著作，来作介绍。这尚是一门新学问，尚是一门未成熟的新学问，这比较尚是一门活的学问。此刻只就个人意见，扼要陈述，来供诸位有意研究此一门学问者作参考。或者说，仅能引起诸位对此一门学问之几许兴趣，说不上有什么更深更大的贡献。所以我这一番讲演，即定名为"文化学大义"。粗枝大叶，免不掉空洞与粗疏，则请诸位原谅。

我们要讲文化学，首先该问"文化"究是什么？关于"文化"二字之定义，在西方早有广义、狭义许多种的界说。此刻不多为引述，只就个人意见，直率陈说。

我认为文化只是"人生"，只是人类的"生活"。惟此所谓人生，并不指个人人生而言。每一个人的生活，也可说是人生，却不可说是文化。文化是指集体的、大群的人类生活而言。在某一地区、某一集团、某一社会，或某一民族之集合的大群的人生，指其生活之各部门、各方面综合的全体性而言，始得目之为文化。

文化既是指的人类群体生活之综合的全体，此必有一段相当时期之"绵延性"与"持续性"。因此文化不是一平面的，而是一立体的，即在一"空间性"的地域的集体人生上面，必加进一"时间性"的历史的发展与演进。文化是指的"时空凝合的某一大群的生活之各部门、各方面的整一全体"。我将根据这一观点来发挥我下面所讲的话。

让我再举一具体而显明的实例，来重申前述。譬如我们说，来研究台湾文化，此即无异说来研究台湾人的生活。但并不是说来研究台湾每一个人的生活，而是来研究台湾人的大群集体的生活。譬如台湾人之饮食、居住、衣着、道路交通、言语文字，乃至其社会风俗、宗教信仰、趣味爱好、智性发展等。但研究到这些方面，总免不了要插进时间性的历史的演变。每一个人的生活，可以把其时期划定在每一个人的生存期间。但集体人生即不然，当你未生以前，已有这般样的饮食、居住、衣着、道路交通，乃至这般样的语言文字、社会风俗、宗教信仰、趣味爱好，以及智慧境界之存在。这些全属于集体人生，即文化的领域。在你未生以前，这些早已存在；在你既死之后，这些仍将持续。这些生活方式，以及生活内容，其寿命远较个人寿命为长久，而有持续性。换言之，个人只在文化中生活。

文化譬如一大流，个人人生则只如此大流中一滴水。大流可以决定此水滴之方位与路向。此水滴无法来决定此一大流之方位与路向。诚然，无个人亦将无集体，但此刻的人生则已走进了文化领域。这是人类远从有史以来已然的事实。文化尽管必须在每一个个人人生上表现，但个人人生究竟无法超脱其当时的集体文化而存在。文化规范着个人人生，指导着个人人生，而有其超越于每一个个人人生之外之上的客观存在。这一种存在，即是我此刻所要讲的"文化学"。

让我再具体举些例。孔子、释迦、耶稣，对人类文化之贡献，深远无比，这不用说。但此三人，仍只该算是集体文化的产物。当知在中国春秋时代的文化背景里，只会产出孔子，绝不会产生释迦与耶稣。同样的理由，在古代的犹太社会中，绝不会产生孔子与释迦。在释迦时的印度，也绝不会产生孔子与耶稣。可见个人的重要与伟大，仍受着他所生活在的文化大流之规束与指导，这是决无可疑的事了。

文化有其"传统性"，同时又必有其"综合性"与"融凝性"。人类生活之每一部门、每一方面，必然互相配搭，互相融洽，互相渗透，而相互凝成一整体。譬如研究台湾人的房屋建筑，有些是中国式的，有些是日本式的，有些则是西洋式的。此皆各有渊源，各有来历，此即其传统性。而台湾人的房屋建筑，又必与台湾人的经济条件、社会风俗、趣味爱好、智慧境界之各部门、各方面，发生联系、发生交涉。若你专从建筑来研究建筑，你将是一个建筑学者，而非文化学者。同样理由，你专从语言来研究语言，你将是一个语言学者，而亦非文化学者。你专从宗教来研究宗教，你将是一个宗教学者，而复非文化学者。建筑、语言、宗教，这些都是文化中之一方面、一部门，但文化是一个综合全体，包括了这些，综合了这些，而又超越了这些，有它一完整的总体之存在。你若不了解这一种人生各部门、各方面交互相联的内在意义，你将看不见这一个总体。

现在我们可以说，文化学是研究人生总体意义的一种学问。自然界有事物，而可以无意义。进入人文界，则一切事物，其背后都必有某种意义之存在。每一事物之意义，即在其与另一事物之内在的交互相联处，即在其互相关系处。人生意义，概括言之，有两大目标：

一是多方面之扩大与配合。

二是长时期之延续与演进。

此即中国《易经》上所谓的"可大可久"。任何人生之某一方面，某一时期，若与其他方面、其他时期之连系性割绝而孤立了，则不仅无扩大、无演进，而且其本身亦将无意义可言。

因此我们也可说，文化学是研究人生价值的一种学问。价值便决定在其意义上。愈富于可大可久的意义者，则其价值愈高。反之则愈低。

于是我们暂可得一结论："文化学是就人类生活之具有传统性、综合性的整一全体，而研究其内在意义与价值的一种学问。"我们下面将就此标准续加阐述。

三 文化的三阶层

一

文化既是人类生活的一个整一全体，我们要开始研究此整一全体，必先将此复多的、连绵的整一全体试先加以分剖。分剖的方法，可有两步骤。

一是把此多方面的人生试先加以分类。

二是把此长时期的人生试先加以分段。

前者是对人类文化一种横剖面的研究，亦可说是平面的研究；后者是对人类文化一种纵割性的研究，亦可说是直线的研究。但人类文化又是时空交融的一个整一全体，因此我们的分类分段，横剖纵割，又需能划分时期与分别部门两者配合。我们又必需到达一较自然的符合。

我们本此意向，暂把人生全体分为三大类。

第一是"物质的"，亦可说是"自然的"人生，或"经济的"人生。一切衣、食、住、行，较多隶属于物质方面者，均归此类。人生本身即是一自然，人生不能脱离自然的大圈子大规范，人生不能不依赖物质支持，此是人类生活最先必经的一个阶段，我们可称之为文化第一阶层。没有此最先一阶层，将不可能有此下各阶层。

　　然而人生是多方面互相融摄的一个整一全体，所以物质人生中，早已须有很大的精神成分。若使人类没有欲望，没有智慧，没有趣味爱好，没有内心精神方面种种的工作活动参加，也将不会有衣、食、住、行之一切物质创造与活动。因此换言之，衣、食、住、行只可说是较多依赖于物质部分，而实非纯物质的。只可说是较更接近于自然生活，而并非一种纯自然的生活。只要我们称之为"人生"的，便已归属到"自然人生"与"精神人生"之两方面，决不再是纯自然、纯物质的。即就环绕我们的自然界而言，如山川、田野、草木、禽兽、风景气象，试问洪荒时代的自然界，何尝便如此？这里面已经有几十万年代的人类精神之不断贯注、不断经营、不断改造、不断要求而始形成。此刻环绕我们之所谓自然，早已是人文化了的自然，而非未经人文洗炼以前之原始自然。一切的"物世界"里，早已有人类的"心世界"之融入。故所谓物质人生，只就全部人生中之比较更偏近于物质方面者而言，而实无所谓纯物质的人生。

　　其次是"社会的"人生，或称"政治的"人生、"集团的"

人生。这是第二阶段的人生，我们称之为文化的第二阶层。在第一阶层里，人只面对着物世界，一切人生全都从"人对物"的关系而发生、而存在。在第二阶层里，人面对着人，即人生大群。这时的人生，主要在添进了许多"人与人"之间的关系。人类的生活，不先经第一阶层，将无法有第二阶层。但人类生活经历了某一段时期之相当演进，必然会从第一阶层进入第二阶层，乃始得为正式的人生。第一阶层只是人在物世界里过生活，亦可谓之一预备阶层。待其进入第二阶层，才开始在人世界里过生活。此如家庭组织、国家体制、民族分类等，凡属群体关系的，全属此一阶层。

最后才到达人生第三阶层，我们可称之为"精神的"人生，或说是"心灵的"人生。此一阶层的人生，全属于观念的、理性的、趣味的，如宗教人生、道德人生、文学人生、艺术人生等皆是。这是一种无形累积的人生；这是一种历史性的、超时代性的人生。只有这一种人生，最可长期保留，长期存在。孔子、耶稣时代，一切物质生活，一切政治组织、社会法律、风俗习惯，到今几乎是全归消失，不存在了。在他们当时的第一、第二阶层里的人生，到今亦是全部变质了。但孔子、耶稣对人生所提示的理想与信仰，观念与教训，就其属于内心精神方面者，却依然存在，而且将千古常新。这是属于心世界的，是一种看不见、摸不到，只可用你的心灵来直接感触的世界，来直接体认的人生。

人生必须面对三个世界。第一阶层里的人生，面对的是"物世界"；第二阶层里的人生，面对的是"人世界"；须到第三阶层里的人生，才始面对着"心世界"。面对物世界的，我们称之为"物质人生"；面对人世界的，我们称之为"社会人生"；面对心世界的，我们称之为"精神人生"。我们把人类全部生活，划分为此三大类，而又恰恰配合上人文演进的三段落、三时期，因此我们说人类文化有上述的三阶层。

<h2 style="text-align:center">二</h2>

此三阶层，把个人生活的各别经验来看，也甚符合。婴孩出生便哭，那时他见光受惊，骤觉寒冷而不安，饿了、倦了、想吃、想睡，都会哭。那时他所面对的，完全是物世界。稍后慢慢懂得谁是他的父母兄姐，又懂得谁是他的熟人亲人，这才逐步踏进了人世界。更后渐渐受了教育，从上接受到人类文化无形累积的种种教训。换言之，他才开始懂得了种种人生心理。自己的、别人的，大至民族的共有观念，远至几百千年前来的历史传统，包括文学、艺术、宗教、道德种种智识，这才闯进了他人生的心世界。人生三阶段，循序前进，个人如此，总体人生也如此，并无大分别。

上述文化三阶层，每一阶层，都各有其独特自有之意义与价值；每一阶层，都各有其本身所求完成之任务与目的。而且必由第一阶层，才始孕育出第二阶层；亦必由第二阶层，才始孕育出第三阶层。第二阶层必建立于第一阶层之上，但已超越了第一阶层，而同时仍必包涵有第一阶层。第三阶层之于第二阶层亦然。

现在再简率言之，第一阶层之特有目的，在求生存，即求各个肉体生命之存在。第二阶层之特有目的，在求安乐，即求大群体生命存在之安乐。生命存在了，并不一定得安乐，而求安乐则必先求存在。于存在中孕育出安乐，安乐已超越存在，而同时又包涵着存在。第三阶层在求人类生活之崇高，实即仍在求安乐之崇高。安乐不一定即是崇高，惟崇高即是超越了安乐，但必由安乐中孕育而来；亦必包涵有安乐，乃始见其为崇高之真意义与真价值。

三

物质人生，即在求生命之存在。食求饱，衣求暖，饱暖在避饥寒，求生存。饱暖最高目的是生存，饱暖只是达到此目的之手段。若使饱了暖了，而失却其生命之存在，此种饱暖即无意义。若使不饱不暖亦可生存，则饱暖亦无价值可言。一切物质人生全如此，但一进到社会人生，则意义又别。孟子说："食色，性也。饮食男女，人之大欲存焉。"此俱指第一阶层的人生而言。饮食只求自己生命之存在。男女之欲，则牵涉到人的本身外面去，但仍在求自己生命之延续，使有后代新生命之传绵。不独人类如此，禽兽亦如此，全世界之生命无不如此。此俱属于自然生活。在自然生活中，雌雄相遇，其视对方，即如一"我"，与我为偶，即一我之易地易体而存在。求能达此深义，此即中国儒家孔子之所谓"仁"。中国此一"仁"字，即人生虽分别异体，而实仍当联合成一搭档，此即后儒郑玄之所谓"相人偶"。可见人心与人相偶，乃始得为一真人。中国人所阐发之人生大义乃如此。求能凭借这一物来满足我自然的生存要求而止。

但人文进化亦不能老停留在一男一女、一雌一雄的阶段上，于是由一男一女转进为一夫一妇。此一转进，便踏上了人生文化的第二阶层。试问若仅求自己生命绵延，雌雄男女，交媾配合，早够了，何必要在一男一女之上，再来一个一夫一妇的婚姻制度呢？可见夫妇婚姻，其目的已并不专在求生命之绵延，而必在生命绵延之一目的之外之上，另增了新要求，另添了新意义。猫与狗只要求生命延续，便不需要有如人生般的夫妇与家庭。人类偏要夫妇家庭，可见夫妇与家庭之内在意义，已不尽于仅求生命之延续，而尚必另有所求。人生必感到只此男女之别，心终不安不乐，必在此男女之别上，成为夫妇，此心始安始乐。男女的相互配合，只是满足我自己的性欲，即生命绵延欲之一工具，对方则亦如一物。成为夫妇，关系便不同了。相互把对方当作自己般同样看待。我是一个人，对方同样是一个人；我是一个我，对方同样是一个我，把"我"的存在扩大融透进对方的我的存在。满足了自己，还同样希望满足对方，非如此则吾心不安不乐；必如此人类才始由男女进化到夫妇。而因此人生便进入到了第二阶层。那时人生所面对的已不尽是物世界，而已是人世界。

人世界之发现，即是我的世界之扩大。人生到此境界，才始懂得不仅要求自我生命之"存在与绵延"，抑且还求其生命之"扩大与安乐"。而自己之扩大与安乐，则有待于对方与我相类的别人之生命的安乐之共鸣。

西方有鲁滨逊飘流荒岛的故事，人人皆知。人常说，鲁滨逊只身在孤岛上，生活何等不方便，不舒服，因此人类生活应该不脱离社会大群。这一说法，似乎把第二阶层的人生，转化成第一阶层人生之手段。试问若使将来科学昌明，把鲁滨逊依旧安置在荒岛上，供给他种种科学设备，想吃便有吃，想穿便有穿，一切物质生活，绝不使他有困难，那时鲁滨逊心里是否即感满足呢？是否他将感得已安已乐，可不要再回入社会人群呢？可见第二阶层的人生，并非即是第一阶层人生之一种手段，而实另有其本身较之第一阶层更高更深的目标与理想。

人类不仅要求生命之存在与继续，而且要求在此存在与继续中，得有一种安乐的心情。心情安乐是人世界中事，亦必在人世界中求。若生命根本无存在，自无安乐可言。故人生安乐必建筑在人生存在之上，又必包涵有人生存在在内。但安乐之本身意义，则实已超越于存在之上之外。今之所求，乃既存在，又安乐。只有第二阶层可以包涵第一阶层，生命安乐，当然必存在。而第一阶层则包涵不到第二阶层，因生命存在，不一定就安乐。因此第二阶层可以决定第一阶层，而第一阶层则断不能决定第二阶层。

一夫一妇，包涵有一男一女，亦决定是一男一女。但一男一女包括不到一夫一妇。因一男一女不一定便是一夫一妇。猫与狗只分雌雄，并无夫妇。夫妇建筑在男女基础上，但已超越了男女基础，而仍包涵有男女基础。这是人类文化阶层演进之大体轨范。

四

一男一女是自然的，那是原人时代的人生。一夫一妇是人文的，已进入了文化的人生，即社会的人生。但社会人生，还只是人与人的生活，而并未进到"心与心"的生活方面去。必须在此一男一女、一夫一妇之间，更加进了一番相互间纯洁高贵的心情之爱，而始形成为一对更理想的配合，那才是文学的、道德的、艺术的男女结合与夫妇婚姻，这才又踏进了人生第三阶层，即精神的人生。

上面已屡屡说过，人生本是融凝一体不可分割的。即在一男一女异性相逐的时候，早已有爱的流露。但此种爱，是粗浅的，短暂的。性的要求满足，此种粗浅而短暂的相爱之情，亦即消失，归于无有。夫妇结合，此种爱始又进了一级。但夫妇还只是夫妇，不一定具有圆满崇高的爱，不一定相当于文学的、艺术的、道德的理想所标指、所追求。人类文化，必然要演进到第三阶层，才始有文学、有艺术、有道德，才始有更崇高的理想可言。此刻我们所希望者，乃在要有文学的夫妇、艺术的夫妇、道德的夫妇，比较我们仅要社会的、法律的夫妇更进了一层。没有第一第二阶层，自然不可能有第三阶层。但第三阶层虽在第一第二阶层中孕育，却已超越了第一第二阶层，但仍包涵有第一第二阶层之存在，而并不消失。

第一阶层的人生在求存在，第二阶层在求安乐，第三阶层则在求崇高。崇高已超越了安乐，但仍包涵有安乐。第三阶层的人生，在求既安乐而又崇高之存在。它所面对的，已不仅是当面规体的物世界与人世界，而已更高深更广大，上下古今，深入到人类内心所共有的一些祈望与要求上。文学、艺术、宗教、道德，都从此种人类内心要求上植根发芽，开花结实。

孔子的栖栖皇皇，知其不可而为之的一番传道救世精神，耶稣钉死在十字架上的一番牺牲博爱精神，他们所面对的，已不尽于当前的那一个社会与人群，而已面对着从有人类，上下千古，一种人心内在更深更大的共同要求。他们亦感得非如此则我心终不安不乐。然而他们所求，实已更高出于普通心情之安乐之上，然亦决不是不安不乐。

此心不安不乐，不算得是崇高；而崇高不尽于安乐，亦正如安乐不尽于存在。安乐中涵有存在，崇高中涵有安乐；文化阶层一步一步提高，人生之意义与价值一步步向上。下一阶层的目的，只成为上一阶层之手段。只有目的能决定手段，不能由手段决定目的。因此有存在不一定有安乐，有安乐不一定有崇高，只有崇高的则必然安乐，必然存在。

固然，没有存在，哪有安乐、崇高可言？然而这只是一种反面消极的限制，而并非正面积极性的决定。没有第一阶层，不可能有第二第三阶层，此是第一阶层之消极性的限制的作用，亦即是其消极性的意义与价值之所在。但有了第一阶层，不一定必然有第二、第三阶层。但有了第二阶层，则必然融摄有第一阶层。这才是正面的积极性的决定。这是人类文化三阶层递进递高，递次广大融摄的一条通律，可以用作衡量批评一切人类文化意义与价值之基本标准。

五

说到这里，让我节外生枝，附加上一些申辩。德国哲学家黑格尔，他举出"正、反、合"逐步前进的辩证法，来提供作人类历史演进之通律。他认为由正生反，再由反成合。例如甲是正，非甲是反，乙是合。这所谓"对立的统一"之一种"矛盾发展"过程。其实则只是一种语言文字上的玩把戏。如我上文所举，一男一女并不是正，一夫一妇并不是反，男女与夫妇也并不是对立。傥使我们承认人类文化确然从一男一女发展出一夫一妇的婚姻制度来，则试问黑格尔正反合、对立统一、矛盾进展的历史辩证法将如何安放？

你或说，男女是对立的，夫妇是统一的。但男女对立，只是一种相异的对立，最多也只可说是一种相反的对立，却不该说它是一种矛盾的对立。矛无不破，盾无不拒。有了无不破之矛，便不能再有无不拒之盾；有了无不拒之盾，便不能再有无不破之矛。此始谓之矛盾。现在是因有了男，才始有女的意义与价值，因有了女，才始有男的意义与价值。当生物还未进化到雌雄两性相异存在的阶段，没有雄性，也没有雌性。雌雄男女，同时并立，正反相成，决非矛盾不两存。而且夫妇之出现，并不能说战胜克服了男女之对立。而且夫妇成立，也并不要否定，亦不可能否定其男女之对立。我们只可说，夫妇关系中仍包涵有男女对立，而已超越了此男女对立，而另有其更高更广的统一和协的新意义发现。

同样理由，群体人生并不与自然人生相对立，更非是一种矛盾性的对立。人类文化，由自然人生演进到群体人生即社会人生，在社会人生内依然涵摄有自然人生，决不可能否定了自然人生而另来一个社会人生。同样理由，精神人生也并不与物质人生相对立。由物质人生中孕育出精神人生，精神人生虽超越了物质人生，但仍建立在物质人生的基础上，涵盖有物质人生，而并不可能加以否定。

黑格尔的历史哲学，惟其强调了矛盾性与否定性，而后认为人类历史之发展，是极富于战斗精神的，而且必然是一种战斗精神的。然而人类文化之演进，融和摄合，比战斗更重要。在文化第一阶层，人类面对物世界，便融摄物世界来完成我之生命存在；在文化第二阶层，人类面对人世界，便再融摄人世界来完成我的生命安乐；在文化第三阶层，人类面对心世界，更再融摄心世界，来完成我的生命崇高。在此"融摄"努力中，表面上不免带有一种战斗性的成分，但战斗性决不是主要的，更不是唯一的。黑格尔辨证法的所谓战斗最高精神，在否定对方来建立自己，也可说是在否定自己来建立客观之总体。但无论如何，否定决非是人类历史之终极发展。而黑格尔历史哲学中理想之终极发展，则在于精神战胜了物质，而物质存在又到底不可否定。人类文化精神即建立在物质存在的基础上，精神可以超越物质存在，而仍必涵盖有物质存在，则黑格尔所理想的人类历史之终极发展，到底将落空，或成为正相反对的发展。

马克思即窥破此弱点，把黑格尔"历史辨证法"一反转，变成为他的"唯物辨证法"。然而他却犯了更大的错误。他不晓得他所看重的经济人生，只尚在文化第一阶层中。此下第二、第三阶层，固然必须建立在第一阶层上，固然必须包涵有第一阶层之存在，但确已超越了第一阶层。固然仍将为第一阶层所限制，但亦决非为第一阶层所决定。我们只能说由第一阶层来孕育出第二、第三阶层，但第一阶层并不能决定第二阶层、第三阶层之可能进展。由男女可以发展成夫妇，但男女关系不能决定了夫妇关系。由存在可以孕育出安乐与崇高，但存在并不能决定安乐崇高之趋诣与内容。而且马克思依然遵循着黑格尔"否定再否定"的老路。他不晓得人类文化演进，主要不在矛盾中，也不在否定中。即以个人生命为例，由幼而壮而老，在其青年期，并不与婴孩期相矛盾，而必然要对婴孩期的人生加以否定。待到老年期，也并不与青年期相矛盾，而必然得加以再否定。马克思的唯物辨证法，把人类历史看成斗争，否定再否定，而始终没有超越出文化第一阶层之消极意义与生存目的。

于是人类文化演进，全成手段，永远钉住在物质人生之最低阶层上。此是马克思唯物辨证法对人类文化演进通律所犯最大的错误。

我在上面说过，由自然世界孕育出人文世界，但人文世界确已超越了自然世界，然并不能否定自然世界之存在。由动物生命孕育出人类生命，人类生命确已超越了动物生命，但亦不能否定动物生命之存在。由男女异性孕育出夫妇关系，夫妇关系确超越了男女异性，但亦并不能否定男女异性之存在。人文演进中，被孕育者，转成为能超越者。而被超越者，则成为被包涵者。融摄已有之"旧"，来创生未有之"新"。被融摄的不能决定能创生的，而能创生的也不能否定被融摄的。我上文所述说，与黑格尔、马克思两人之不同点在此。

但诸位或许要怀疑，黑格尔是西方大哲人，马克思唯物辨证法，在近代也正掩胁一切，何以他们连像我上面所说那些平易浅显的理论而不知呢？我请援引黑格尔一句名言来作解答。黑格尔说："要明白某一哲学家的哲学思想，该从哲学史上来求解释。"这即是我以上所说"人在文化中生活"的同一意义。当知哲学思想亦循着哲学史之道路而前进。黑格尔思想的最高期求，只是沿着西方中古时期上帝存在的旧观念而稍稍加以变形，于是上帝变成为一个纯粹思想之存在，宇宙历史之进展变成为一种纯思想的进展，遂有黑格尔的绝对"唯心论"。马克思则再把黑格尔的绝对唯心的，一反转，变成"唯物的"，才过分重视了生产工具与生产方法。

当知黑格尔与马克思，亦只遵循着西方中古时期以下的一条思想史的旧有路线而摸索向前。并不凡是西方人所说，即成为天经地义。无论是黑格尔，或是马克思，他们都在想摆脱西方原有的上帝创世、最后末日的一番思想老格套。但他们既看轻了决定一切的上帝，便在无意中不免要看重物质与自然。不仅马克思的唯物史观太看重了物质与自然，即就黑格尔论，他竭力要讲人类精神逐步战胜物质而前进，正是证明在其内心上无形中早已太看重了这物质界。至于中国思想，则向来没有此种"精神"与"物质"双方严重的对立观念，因此也不至于陷入像黑格尔与马克思那样错误的偏见。

我们再进一步言之，人类文化三阶层，不仅其各自之目的不同，其所以完成此目的之方法特性亦不同。当其在第一阶层，面对着物世界的时候，免不得要提高"斗争性"；待到第二阶层，转眼对向人圈子本身内部的时候，即面对人世界的时候，则斗争性必然要冲淡，而"组织性"即代之而起；待到第三阶层，人类文化面对向心世界，那时则"融和性"又将代替组织性，而占到最重要的地位。

若文化止于第一阶层，自将只见有斗争，不见有组织；若文化止于第二阶层，亦将只见有组织，不见有融和。第一阶层的文化特性是"外倾的"，向外斗争的；第二阶层则是"内倾的"，向内团结的。但到人类文化到达第三阶层，那时则是"内外一体"，"物我交融"的，古今时间性的隔阂融和了，自然界与人文界的壁障也同样融和了。那时将不见有斗争，也不见有组织。斗争与组织都将占不到重要的地位。斗争和组织都将改变它们原有的面貌，而融和在心世界之全体凝合中。

单就组织而论，组织仅止于政治性、社会性，而第三阶层人类文化之主要精神则属宗教性、道德性、文学性与艺术性。人生进入了心世界，你心我心，心心相印，一片融通，大群人生全将融化在此一更大更深的心世界里。那自然既不是斗争，亦不是组织，而是一全体融和。

此一文化境界，目前仅可说有了一些端倪，一些朕兆，距离圆满到达之阶程尚远。但黑格尔、马克思则都偏陷在第一阶层的对物境界中，因此都不免以斗争精神为历史演进之主要特征。马克思的阶级斗争，好像着重了组织，但还是以组织为手段，斗争为目的，其用心仍然侧重在第一阶层上。这一种强调对物斗争的文化论，违逆了遏塞了人类文化向上递升的通律与正道，这亦是我上面所说西方文化目前正出了毛病之一个真凭实据。

但西方思想界的毛病，并不即就是中国思想界的毛病。我此刻纵使能批驳倒黑格尔与马克思，但并未曾针对着中国人自己的病痛，将仍然是不关痛痒的。何况是把别人家的病痛，硬认为是自己的良药与救星，那才不免要病上加病，更无办法了。

六

以上一段是题外杂插，现在再归入正题。总括前述，人生有递进的三阶层。第一阶层是"小我人生"，只求把外面物质来保全自己生命之存在与延续。第二阶层是"大群人生"，这一阶段的目的，已在各得保全自我生命之上，要求相互间的安乐，来过一种集体的人生。第三阶层是"历史人生"，此一阶层之目的，在求把握人类内心更深更大的共同要求，使你心我心，千万年前的心，与千万年后的心，心心相印，融成一片。不仅有集体的广大性，而且有历史的悠久性，这是一种更崇高的内心安乐，无与伦比的。

上述的文化各阶层，各有其独自之目的与向往。低阶级目的完成，转化为高阶级目的之手段。而高阶级目的之向往，并不毁损低阶级目的之存在。目的便是人文特征。自然界有演化而无目的，必到人文界始见有目的。文化演进，正在人生目的之逐步提高。必待到达文化第三阶层之目的完成，才始是人类文化之完成。

但人类文化有时亦往往越过了第二级而直达第三级，此乃文化之过早成熟。有时则为着崇高而牺牲安乐，为着安乐而牺牲存在，为着高一级的目的而牺牲低一级，此乃文化演进中所遭遇的不得已的变态，这亦可说是文化中一种苦难。但文化亦常从苦难中跃进。若仅为低级目的而遏塞了高级的向往，则是文化之逆流与倒退。违逆人心，势不可久。文化三阶层之正常演进，应该是一个超越一个，同时又是一个包涵一个。试作一图表示如下：

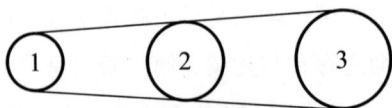

　　以上所讲，只限于人类文化之共通性，下面将试进而为各种文化体系间稍带具体性的相异作分析。

四　文化之两类型

一

　　上面所论文化三阶层，只就文化进展中为一般所必有之共同顺序立说。此刻拟对世界各时期各民族文化已成业绩，作一概括的分类。

　　有人说，文化既是人类之生活，人类生活岂不大同小异，除却有前进与落后之分别外，在其本质上，似不该有甚大之相差。但无论如何，人类文化纵说有其"大同"，却不能说它没有"小异"。我们若能注意到它的小异，便更能发挥出它的大同来。故就人类历史所有各地域、各时期，文化业绩之相异处，概括描述一轮廓，对于文化学研究上，总还是一件不可少而且极需要的工作。惟就此刻我们的智识而言，实在不够在此方面有多大的成就。而且过细分析，也将昧失了文化大同之主要面相。

下面所述，则只是粗枝大叶，仅就个人所见，来作一个鸟瞰式的凭空掠影的描写。

据个人意见，人类历史演进，由简入繁，我们从其末梢下流处看。固属千差万别，不胜分歧复杂之致；但就其根本源头处着眼，则此千差万别的最先分歧点，还是容易指出，可加明白的。大抵人类文化，最先还是由于自然环境之不同，尤要的如气候物产等之相异，而影响及其生活方式。再由其原始的生活方式之不同，影响到此后种种文化精神之大趋向。本此观点，暂分世界人类文化在其源头上，有三大类型。

一、游牧文化。

二、农耕文化。

三、商业文化。

文化只是人类生活之总体，而最先的人类生活，其最大差别，大体上可分为游牧、耕稼与商业之三型。大抵游牧发展于草原高寒地带，耕稼则多在温带平原河流灌溉之区，商业则繁盛于海滨及近海各岛屿。英人甄克思认为人类文化演进，最先由游牧进入耕稼，其次再由耕稼进入工商。此一说法，似乎也只可说是英国人的一种偏见。尽多民族限于天然的地理环境，以畜牧为生业的，不可能必然要进入农业。而沿海促狭地带，农牧生产根本不能自足自给，其进入商业，以贸易为生，也是一种不得已，并非是文化发展之最高结果。至于工业，则农牧民族一样需要，也不该专把工商并入一类。

二

由此人类生活之基本的三大差异，演生出人类文化之三大类型，而此三大类型又可再归纳为两类型。一是农业文化，另一类型则是游牧与商业文化。此一区分，诸位或许要怀疑，似乎游牧是原始的，商业则是前进的，如何把此两型等量齐观呢？这也有一理由。原来农业文化大体上是自给自足的，而游牧与商业，则同样的需要向外依存。游牧民族必然是流动的，逐水草而迁徙。老守一地，草尽水涸，生活即无法维持，迫得他不得不向外迁移。这正和商业民族同样，因其本地区之生产不足，必待出外与近邻交换。多到一新地区，即多得一新生机，多发现一新希望。而农业民族，则迫得他安土重迁。百亩之地，已够生存，若舍而之他，只有亏损，没有利益。因此农业民族自然的生于斯，长于斯，老于斯，子子孙孙永远守此一分田园祖业。因此农业民族是安定的、保守的，游牧与商业民族则是流动的、进取的。

惟其可以自给自足，安守己分，邻里乡党，几十百年的相处，谁也不侵犯谁，谁也不依赖谁，农村永远是和平相处，也永远是散漫相处的。游牧部落则不然，结队迁徙，遇着一片草原，两族争夺起来，友乎！敌乎！十分显著，所以游牧民族对内是团结的，对外是斗争的。商业民族亦然。载着一船货物，飘海远行。所到尽是异地，所见尽是生客，所为的只是求生牟利。同行者是友，遇见的是敌。我该从敌人身边获得我的生资，可掠夺则掠夺，不可掠夺始交换。原始的商船队，多半兼做海盗，海盗亦多半兼营商业。贸易与掠夺，在本质上都是内不足而外取于人，只是手段不同而已。因此游牧与商业社会，必然是对内团结，对外斗争的。换言之，则是向外侵略的。

游牧人攀山越谷靠一匹马，商人跨海泛洋靠一条船。没有船与马，便无法克服外面天然的困难，因此游牧人、商人全富征服感。不仅敌我对立，而且是天人对立。所赖以克服外界者，则须凭借工具。马与船，便是他们的原始工具。所以游牧人与商人又富工具感。驱使异己，来克服异己，奴役自然，来克服自然。农业民族则不然。下了种，须得耐心静待，五日一风，十日一雨，是上天恩赐。天人合一，一半是自然，一半是人力。船与马要驾驭，耕稼则用牛，牛性驯良，似乎也通人性，天生地与人合作。农业民族的宇宙观乃及人生观，由此与游牧人商人不同。一是"天人交和"的，一是"天人敌对"的。因此一主"性善论"，一主"性恶论"。一主在我外面的是一片友情，一主在我外面的是一种敌意。于是遂一偏仁慈，一偏机智。

游牧人商人又特富于财富观。一对羊生着四只小羊，下一幕是三对生十二头，连共十八头。再下一幕是九对生三十六头，连共五十四头。如此般的繁衍。商业民族亦然，资本愈雄厚，利润愈增高，长袖善舞，多财善贾。而且游牧与商业，对于基本生活所需，并不在自己手里，多半要向外求取。因此他们积聚的，都是可以向人交换的间接的一种价值符号。因此养成他们渐渐远离着实际生活的一种财富观念。金珠宝玩，可以无限收藏，饥不可食，寒不可衣，而衣食无尽，全在他囊橐掌握之中。因此又浚深了他们的欲壑，有了更想有，多了更想多。农民则百亩田，十亩桑，五母鸡，二母豕，一年吃着无愁。今年耕，今年吃，人力有限，多耕不可能，多产亦不可能，多积还是不可能。三年耕有一年之蓄，九年耕有三年之蓄，这是农民的经济观念。上天不让你连熟十年，但亦很少给你连荒四年。制节谨度，是人意，也即是天心。在他们手中的，是实际衣食所需，不待交换，亦难积存。因此游牧商人的财富是符号的，农民的财富是实质的。游牧商人的财富可以激增，亦可以惨落；有恐怖，亦有希冀；时时有刺激，有兴奋。农业民族只懂生产，不懂财富；只知实物，不喜抽象；有恃无恐，但亦不奋发向前。一方的心灵常是跳落动荡；一方的心灵则常是沉着稳健。

三

让我把游牧商业一类型的文化称作甲方，农业类型的文化称作乙方。则甲方起于内不足，故常外倾；乙方起于内在自足，故常内倾。

甲方常是趋向"富强性"的文化；而乙方则是趋向于"安足性"的文化。但亦各有缺点。甲方是"富而不足，强而不安"；乙方则"足而不富，安而不强"。

甲方常觉得有一个外界和我对立着，永远引诱它"向外征服"，否则是向外依存；乙方则常觉外面也像内部，浑然一体，"只求融和"，不求扩张。

甲方的宇宙观是"天人对立"的；乙方的宇宙观是"天人合一"的。

甲方主"斗争"；乙方主"协调"。

甲方常想向外伸展，是注重在"空间"的；乙方常想向后绵延，是注重在"时间"的。

甲方要开疆扩土，"无限向外"；乙方要子孙万年，"永守勿失"。

甲方注意"群"，注意大集团，核心大，而外界狭；乙方注意"家"，注意小集团，核心小，而外界宽。

甲方必游离飘扬，归宿到"抽象化"，易于"发展宗教"；乙方必土着生根，归宿在"实体化"，易于"发展伦理"。宗教里的上帝，还是和我们人异类对立的；伦理里的人群，则是和我们同类并存的。因此坚信宗教的，可以对异信仰的不容恕；而道德伦理，则必以彼我内外互相容恕为前提。双方虽同主博爱，而一含"敌对性"，一含"容恕性"，仍然不同。

四

上述两大类型的文化，其先是由于客观的自然环境之不同，而引生出生活方式之不同。其次是由于生活方式之不同，而引生出种种观念、信仰、兴趣、行为习惯、智慧发展方向，乃及心理上、性格上之种种不同。由于此种种不同，而引生出文化精神之不同。现在让我对此两类型之文化，单就抽象的理念方面，约略加以一番批评。

外倾型的文化，常看世界成为内外两敌对。因其向外依存，故必向外征服。但征服即征服其自所依存者。依存者被征服，即失却其所依存。此其一。其文化精神既寄托在向外征服上，而空间有限，征服再征服，以至于无可征服，则最后成功，即无异于最后之失败。此其二。人生即是自然之一部分，不可能与自然相对立。若使彻底征服自然，即连人生本身，亦复在内。此其三。内外对立的宇宙观，最难是内外的界线并不明确，严格言之，人的自身亦就是一个外，征服自然，而人生本身即就在自然之内，岂不要征服他的本身？于是向外征服最后必然要扑一个空，不得不投入抽象，回归上帝与精神界。结论是征服了自己来回归上帝，征服了物质来回归精神，实际上成为人类文化一终极的矛盾。此其四。

内倾型的文化，常看世界是内外协一的，因其内自足，而同样认为外亦自足。然明明遇到外不自足者向我侵略，岂不当面即是一矛盾？此其一。内倾型的文化，寄托在自安自足上。但富强相倾，这是一对比的，外面的富强，可以形成自己内部的不安足，则立脚不稳，不免要连根裁倒。此其二。

在理论上，外倾型的观念，比较欠圆满，但在实践上，凭其战斗向前精神，易于取得临时的胜利，而终极则不免要失败。内倾型的文化，就理论讲，其观念似较圆满，但在实践上，和平而陷于软弱，要守守不住，要定定不下，远景虽美，抵不住当前的横风暴雨。于是人类文化，遂在此两类型之偏胜偏短处，累累地发生了无穷的悲剧。这是已往一部整个的人类史，要待我们从头来安排、来调整。

五 文化七要素

一

　　上面从文化发源处，约略描述了人类生活内倾外倾之两大类型。这好像坐飞机，凌高俯瞰，虽然指点出一些山川分野之大体形势，但究属太粗太简。下面我们将把飞机从云层中渐渐降低，好让我们再多领略一些地面上的真实情况，及其繁复变异之诸多貌相。但我们仍将是一种鸟瞰式的，凭空掠影的巡阅。

　　我们屡次说过，文化是指的人类生活之总体，而人类生活则是多方面各种部门之配合。人类文化逐渐演进，则方面愈广，部门愈杂。但扼要分析，我们仍可将人类生活之诸多形态分划成七个大部门，我们此刻称之为文化七要素。古今中外各地区、各民族一切文化内容，将逃不出这七个要素之配合。我常好把人类文化譬喻作七巧板。虽则板片只有七块，那七块板片各各不同，经过各种拼凑配搭，却可形成诸种的异态。

此文化七要素：

一、经济。

二、政治。

三、科学。

四、宗教。

五、道德。

六、文学。

七、艺术。

此已包括尽了人类文化所能有的各部门与各方面。我此刻想先分别指述出此七要素在人类整体文化中所各自具有的地位和功能、意义与价值，然后再进一步来看人类历史如何把它们搭成各式各种的花样。

<h1 style="text-align:center">二</h1>

第一先讲经济。

此一要素，包括衣、食、住、行种种物质生活，即相当于前述之文化第一阶层。经济生活，即人类文化之基石。但它在整个文化体系中，却是消极的价值多，积极的价值少。因为没有经济基础，影响甚大。但经济水准愈提高，它对人类全部文化体系所能贡献之意义与价值，并不相随提高，甚至会相反地愈降低。

简单说：吃不饱，影响大；但在饱的条件之外，来提高吃的标准，那可没有很大的意义与价值了。穿不暖，影响大；但在温暖的要求之外，再来提高穿的标准，那它的意义与价值也便降低了。五口之家，若说需要五百元新台币来维持低水准的生活，减少了五十元，便可有种种坏影响。若减少一百元，影响可能更严重。但若增加五十元的收入，当知此五十元之积极价值，不会比减少五十元的消极价值高。若增加一百元，此一百元之积极价值，也不会相抵于增高五十元之一倍。你若增高收入到一相当限度，此后的再增高，可说对你私人生活，实际上将会全无意义，全无价值。不仅如此，它将发生反作用。多金为累，使你生活反而不正常，不愉快。私人如此，集体亦如此。

物质生活提高，并非即是文化总体价值之提高。孔子、耶稣时代，在油灯蜡烛光下读书，一样是凭光见字。在电灯光下，并不能使人对书中意义了解得更深细，更透切。哥仑布坐着帆船，横渡大西洋，浪涛颠簸，危险是诚然危险，然而刺激人心神，使人情趣、意志、智慧，都会发生大振作与大鼓励。他这一番航海，打动了此下全世界几百年人类内心精神之无限兴奋。今天你坐着环游全球的双层大飞机，在飞机中安稳看报，吃咖啡，打瞌睡，舒服诚然是舒服，便利诚然是便利，但在你内心精神上，这一番长途飞行，并不发生什么大作用、大变化。提不高你的人格，磨砺不出你内心的潜在智能。别人亦淡焉置之，视若无睹。不会再惊天动地般，在精神世界里发生什么波澜与影响。从前所面对的自然，是一个不可知之敌或友；现在所面对的自然，是你家中一循谨的仆人。你当知社会上你的敌或友，所对你的贡献，不一定比你家中一循谨仆人的贡献更少些。

物质生活进步，诚然是人类生活中一项重要的进步，但仅是一项重要的进步而止，我们千万不该单凭物质生活来衡量全部人生。至于说经济人生可以决定其他一切人生的话，我已在讲文化三阶层时详细剖析过，此处不待再论。

三

第二顺便先讲科学。

近代西洋文化所以能具有领导世界的力量者，就在其科学之发达。但科学也只是文化七要素中一要素，它在全部文化中，也只能有它一部分的功能与地位。让我分两个步骤来加以说明。

第一先说科学之属于"实际应用"方面者，例如电灯、飞机之类的发明，其最大贡献，都属物质经济生活的范围内。科学在这方面之贡献，也还是消极的胜过积极的，这已在讲经济人生时说过。但科学发明之应用，虽多属于物质方面，而科学发明之本身，则显然是一种精神的。从前常有人说，东方文明是精神的，西方文明是物质的。其实一切物质生活，全都有待于人类精神之参加与创造。惟科学发明，仅出于人类之理智，而理智亦只是人类心灵功能中之一种。人类全部心灵，决不能单用理智一项来包括。科学家凭其理智发明真理，也只可说它发明了科学真理，或说是自然真理，却不可说它所发明者便是人生真理。最多也只可说是人生真理中之一部分。而科学真理必然比较是客观的，所谓客观者，正为它是站在人生圈子之外围。我们竟可说，科学界所发明的一切真理，全在人生之外围，并未深入人生之内里。我们该明白科学真理不就是人生，人生也不就是科学真理。

近代科学，在西方突飞猛进。但从广义说，西方科学很早便存在。二加二等于四，亦是一条科学真理。发明此一条真理的，并不比牛顿发明力学三定律，爱因斯坦发明相对论，特别容易些。人类开始发明火，也并不比近代发明原子能与原子弹更省力些。二加二等于四之发明，以及火的发明，它对于人类文化之贡献，也并不比近代的科学发明定欠伟大些。但二加二等于四，只可说它是一条真理，却不能说它是一件人生。它还是站在人生圈外，不过由于此一真理之发明，而对人生给与了许多方便。我们现在知道地球绕太阳转，而非太阳绕地球转，此亦是一项真理，但仍非人生，它仍站在人生之外。我们知道这一真理，可以影响人生之有些部分而获有改变。这其间有相关，但并非是一体。若使世界上没有人类，二加二还是等于四，地球还是绕着太阳转，所以说科学真理是客观的，是永恒的。但人生却是变动不居。我们此刻主要的是讲文化，讲人生，不是讲宇宙真理。人生不可能逃离于宇宙真理之外，但宇宙真理并不便是人生。

黑格尔曾有一句话，说："一切存在都是合理的。"此就宇宙真理言，固不错。但就人生真理言，却大有问题。傥使一个儿子杀了他的父亲，就科学真理讲，他或用毒药，或用手枪，或用刀，或用绳，没有合理的方法杀不死人。儿子为什么忽然杀父亲呢？或许是神经病，或许喝醉酒，或许从小气质不好，所受教育不良，或许一时错误，在心理学上，仍必有一个合理的解答。但就人生讲，这件事总是要不得。科学是超越人生的，过去的科学如此，将来的科学还是如此。科学真理只告诉我们可能与不可能，必然与不必然。科学不管该当与不该当。儿子要杀父母，如此则可能，如此则不可能。如此则必然死，如此则不必死。这些知识，都需求之于科学真理。至于该当杀或不该当杀，此与科学真理不相干。

科学真理可以为我们创造一个环境，告诉我们一套方法。至于决定如此做的则是人，非科学。科学家运用理智来发明真理，真理属于人的智识，智识则是人生之副产品，附属物。从人生活动中产生智识，发明真理。智识譬如夏夜飞萤尾上的光，萤向前飞，尾上光一闪一烁。萤飞在前，光照在后。儿子要杀父亲，他最先动机不由智识决定。若问如何杀法，才是智识分内事，才由智识来决定。人类因有战争，才发明到原子弹。发明原子弹要凭借科学真理，但科学真理只教你如何样战争，如何样杀人，至于要不要战争，该不该如此般杀人，此是人生问题，非科学问题。科学只能辅助人生，方便人生，但人生决不能由科学来作指导与决定。我们了解到这一点，便可了解科学在人类文化整体中所应有的地位和价值。

四

若把更广义的科学来讲，科学应分两大部门：

一是自然科学。

二是人文科学。

人生不能逃离自然，但已超越自然，与自然不全相同。对象变，研究的方法也该变。自然科学主要渊源于数学与几何，这种智识，是推概性的，由"一"推概到一切。两个加两个是四个。一个三角形之三个角等于两直角。全是抽象的、形式的、数量的，所以可能推概一切。研究到其他一切物理和化学便不然，研究到气象和地质更不然，须先总括一些具体事情，才能再加以推概。这已不是纯抽象、纯形式的。其具体内容，在总括上有限制，在推概上同样有限制。研究到生物则情形更不同。不出户，知天下，关闭在实验室里，只能研究数学和理化。达尔文便须遍历世界各地，大量搜集各种生物标本，实地观察，才能总括地发表他的"生物进化论"。

形数之学是静定的、不变的，物理、化学、气象、地质的内容便有了变。但电终还是电，热终还是热，风云还是风云，土石还是土石，有变而无异。

生物学的研究对象，又加进了生命，而生命的特征在相互有异。生物愈进化，其相异性愈显著。一到人类，又在生命中加进了心灵，心灵与心灵间之相异性则更甚。更不能把一个例来推概一切。

"凡人皆有死，苏格拉底是人，所以苏格拉底也有死。"这是把一切来推概一。但此所谓人，依然是自然人，是物理化学人，并非是超乎自然的生物人，更非具有心灵的文化人。心灵是可以万异的。你不能说"人人都怕死，苏格拉底也是人，所以苏格拉底也怕死"。他坚拒越狱私奔，宁愿仰药自尽，普通的心理推概，此处便用不上。

人事万异，只能多用综括，少用推概。经济学的推概性比较高，政治学的推概性比较低。历史文化学，则站在人文科学中之最高点，更宜多综括，少推概。若把人类智识排列成一条线，数学、几何在一极端，历史、文化学在另一极端，那一端是推概性的，这一端则是综括性的。中间各学科，或则推概可多于综括，或则综括宜多于推概。生物学则在此两极端之中点上。

近代西方，自然科学突飞猛进，但他们好把研究自然科学的方法与观念来研究人文科学，这是一大毛病，至少是一大偏陷。他们研究心理学，所得成绩，多半是物理的心理学，再进则是生物的心理学，更进则是生理的心理学。却很少人能企及到"人文心理学"或"文化心理学"的阈域。他们在物理上的了解多，在人心上的了解少。如此来讲历史文化，便要出毛病。

即如马克思的"唯物史观"，他只站在经济学的观点上来推概。他讲经济学，也只着眼在生产物的价格上，遂发明他的剩余价值论和阶级斗争论，而推演出他的"唯物史观"来。在西洋史上，确然由中古时期之封建社会，转演成近代资本主义的社会，然此亦仅就经济立场着眼是如此。封建主义与资本主义对立，包括不尽西方中古时期到近代的历史演变中之整个体貌及其内在精神。中国史与西洋史，并非大三角与小三角。此刻再把马克思的私人意见所划定的西方社会演变来硬推概中国史，自然牛头不对马嘴，更见其不恰当。

西方人又常有一偏见，他们常说"智识即是权力"。但我们先该知道，权力也不就是人生。人生所需既不单是权力，权力也不能解决全部的人生问题。我们若单认权力为文化价值之标帜，势必比单认经济财富为文化价值的标帜者更偏差。如是若单认科学智识足以增进人类的权力，而用来作为衡量全部人类文化体系之意义与价值之尺度，其必然的偏差也可想见。

五

其次将说到政治。

我此刻用"政治"一名词包括人群组合之种种法律、制度、习惯、风俗等而言。其内容约略等于上述之文化第二阶层。

人类从经济人生出发，前面分张着两条大路。一条是科学，一条是政治。人类呱呱堕地，首先面对着物世界，同时也即面对着人世界。面对着物世界，故需科学；面对人世界，故需政治。一边创造出自然科学；另一边创造出人文科学。西方文化显然偏向在自然科学那一边，中国文化显然偏向在人文科学这一边。电灯、飞机须待发明；政治制度、社会礼俗一样有待于人类智慧之发明。发明科学须符合自然真理；发明政治社会一切措施则须符合人文真理。文化整体中之这一阶层，即政治社会群体团结的一阶层，这是上不在天、下不在地的中间阶层，这里面有许多纠纷复杂的道路让人抉择。大体说来，从广义言政治，有上倾下倾之两大分歧。上倾是把政治措施联系到第三阶层而接受其领导；下倾是把政治措施迁就于第一阶层而听从其支配。

就西方言，它们的政治形态，不外三种：

第一，是希腊型的"市府政治"，根本精神在个人之自由平等，由多少数来决定从违。这一体制，其根本精神是下倾的。最后领导权很易迁就经济阶层来决定。何以故？因各个人的现实意向，很易为现实经济而决定。

第二，是罗马的"帝国政治"，其根本精神在权力之征服与组织。此一种权力之来源，仍是经济的与由多数结合之团体而来。因此罗马帝国政治之最先核心，依然是希腊市府政治，惟加上了一番向外侵略，而最后蕲向，仍不过为此最先核心团结之现实经济作打算。

第三，是犹太型的，即基督教的，"上帝的事由上帝管，凯撒的事由凯撒管"，把宗教和政治分开。此因犹太民族受外力压迫，政治不能自主，遂逃避进宗教圈子。此后中古时期，罗马帝国崩溃，基督教会得势，遂想把宗教来领导政治，连凯撒的事也由上帝管。

以上三类型的政治，可说是"民权的"、"皇权的"与"神权的"。此三型之最高理论，都是归结到"主权"的。不过有主权在"人"与主权在"神"之区别；和主权在"在下之人民"与主权在"在上之皇帝"之分别而已。此三型政治中，只有神权政治想把政治联系到我上述的文化第三阶层去，而接受其指导。但把出世的神权来指导现世的政权，终是情趣隔阂，无法沟通的。其他如印度、阿拉伯政治，也都把政权压抑在教权之下。而现代西方民主政治，则仍是政教分离，上帝事由耶稣管，而凯撒事则改成人民管。但此种政治意识，依然没有更高的理论领导，依然是卑之无甚高论，常不免有迁就第一阶层之下倾趋势。

　　只有中国政治，最先便想把第三阶层来领导第二阶层，再由第二阶层来支配第一阶层，它的政治理想也是上倾的。只其领导中心在道德不在宗教。宗教是出世的，道德是现世的。由宗教领导政治是间接的，而由道德领导政治则是直接的。道德政治并不抹杀个人自由，因道德精神根本必须建筑在个人自由之基础上。而道德政治亦必兼顾到多数心情多数意见。道德精神之终极归向，必然是为多数与大群的。人类文化，应该由道德来领导政治，再由政治来支配经济，必使经济与政治皆备有道德性。而此种道德，根本上亦与宗教相通，因宗教亦必须从人类心情中之道德上生发。惟宗教偏重在出世客观，遂与道德之内在主观分歧。

　　因于上述的分歧，在很早历史上，中国秦汉时代，已能创建成一个绝大的民族国家。这一个国家体制，既与希腊型之市府不同，复与罗马型的帝国不同，复亦与西方中古时期所想建造的神圣帝国不同。因此希腊有民族，无国家；罗马有帝国，而帝国之内不能抟成一民族。近代西方依然还不能走上理想的民族国家之正路。依然是希腊市府与罗马帝国之拼凑。整个西方，还是民族与国家之四分五裂，支离破碎。只有中国及早完成了"民族国家"之体制，即由一民族来创建一国家，由一国家来抟成一民族之体制。由于此一体制，遂决定了此下中国文化之继续绵延与继续扩大。这在世界人类文化史上亦是一绝大发明，仅是人文科学方面之发明，而非自然科学方面之发明。这一国家体制，不仅专建筑在政治制度上，并须建筑在社会礼法与家族伦理、个人道德、人类心情之种种教育精神之配合上。这种配合，则以人类心情大群团结之道德精神为核心、为最高指导。所以中国人的政治理想，是修身、齐家、治国、平天下一以贯之的。是直下到个人，直上到天下的，而以各个人之心体性情为其主要出发，与主要归宿之共同所在。中国的政治理想，自始即注重在整个文化体系中，要为它安顿一妥适的地位的。

何以中国人独能在此政治意识与政治体制上有此成绩，则因科学是外倾的，政治是内倾的，中国文化是一种"内倾型"的文化，与西方"外倾型"的文化间之精神对象不同，因此其在文化体系上所创辟的业绩也不同。在西方文化中并非没有政治，在中国文化中也非没有科学，但就整个文化体系言，各自所占地位高下不同，所占分量轻重也不同。七巧板中的一块板换了位置，块块都得随而变。才能另成一格局，另像一花样。人类文化所以有诸多繁复相异的形态者，其故即在此。

六

科学面对物世界，政治面对人世界，用科学眼光看物，物在我之外，所以要斗争。用政治眼光看人，人亦在我之外，所以要组织。现在要讲艺术、文学、宗教与道德，此四种要素，则没有内、没有外，只有一个上下古今、天下大同的"心灵"，内外交融，凝成一体。到达这一境界，才算是真人生。这些始属上述文化第三阶层，让我此下分项逐一申说。

最先讲艺术。

科学是理智的，艺术则是趣味的。理智中的物只是物，趣味中的物是"生命"，是"心灵"。理智常要把物破毁、拆碎、改变原形，想看它一个究竟底细，此即所谓"分析"。然分析所得，常是死的、凝固的物，并非物之真相与原形。艺术精神则重在"欣赏"，把整个的我，即把我之生命及心灵，投入外面自然界，而与之融为一体。于是在自然中发觉有我，又在自然中把我融释了、混化了，而不见有我，而那外物也同成为一"灵"。这是艺术的境界。

你试登高远眺，天地何其伟大，自然何其美丽。同时你当知，伟大者即是你的心，美丽者也还是你的心。而你则在此伟大与美丽中唤醒了你自己，同时也遗忘了你自己。你解放了，你陶醉了，忘我忘物，一片天机，在歌唱、在跳跃。这是你艺术的生命。你拉动琴弦，你当知，不是在拉琴弦，是在拉动你的心。而且在拉动听你拉的人的心。你听人拉琴弦，你也不在听人拉琴弦，你在听人拉他的心。实际上，你不是在听人拉他的心，而是你心自在拉动。这是艺术生命之"共鸣"。音乐场中，最圆满的成就，是一片心灵之洋溢。这是心物相通、心心相通，通体只是一心、只是一生命、只是一灵，此始是人生。

婴孩初生，他不懂数学、不懂几何，但他懂哭懂笑。稍大，便爱跳爱唱，但并不即知爱算数。可见艺术人生实较科学人生为先起、为亲切。建筑也好、缝纫也好，一切物质人生中，必有艺术人生之参加。你骤见电灯，骤上飞机，你当时的心境，多半是艺术的。人生走进自然科学的境界则是不得已。又必遭遇外面阻碍，才得接触上自然科学的境界。而且还只是接触其外皮。若论最高的科学精神，就其真理之发见与创造而言，则这一种精神之经历，也依然是艺术的。必待你的心性，理智而纯净地趣味化了，才始有科学上伟大之发明。因此一切科学家，当其朝向发明的那一段精神过程言，全可说是艺术的。但于科学家之发明而应用到物质经济人生方面来，在具体的实用上，则总与人生的最高境界隔膜，总是在人生圈子之外围，总不如艺术人生，它径捷地把"物、己""内、外"融凝了。

兹试再言"灵"。自宗教信仰言之，可谓有神灵。但自文学、艺术、文化言，中国人则谓有"心灵"、"性灵"。即从西方自然科学言，其开创发明亦肇端于人心，与物无关。言及物，即无灵可言。故中国人只言"人为万物之灵"。而西方如马克思提倡共产主义，乃主唯物哲学，是人生只有物质财富，更无心性神灵，真可谓冥顽不灵之尤矣。

<h1 style="text-align:center">七</h1>

再次讲到文学。

艺术是把人生投向非我的"物世界"，文学才把人生投向与我同等相类之"人世界"。它将发现在人中有我，而我在人中则融释了、化了、不见了。艺术可"忘我于物"；文学则"忘我于人"。艺术偏于趣味的；文学则是偏于情感的。人生求要有趣味，更求要有情感。艺术的对象是物，物非我，于非我中所发现之我乃一"想象我"。文学对象是人，人亦即是我，于彼一我中发现此一我，其间更无隔膜，因此其所发现，乃更为一"真我"。艺术以物象为主，我之投入则为"客"。文学则以人生为主，我之投入，乃亦同是一"主"。艺术人生中所发现之我，乃是我之一象征。文学人生中所发现之我，则是一真我。艺术中蕴藏者是物，文学中蕴藏者则是人，亦即是我。忘我而得我，所得者又是真我，这一点上，艺术更不如文学之真切。

画中人不如剧中人，剧中人不如真人。人生要求文学，必更甚于要求艺术者，端在此。然正为此故，艺术无悲剧，而文学之主要内容则必为一悲剧。如孔子不得行其道而死，此非人生一绝大悲剧乎？艺术仅求有"寄托"，文学则非仅求寄托，乃在求"呼应"。故艺术之于欣赏者无所求，故艺术家亦无所失、无所苦。文学则必然有所求，而所求对象即是人，亦各有其主观，于是文学者之所求，乃有失、有苦。《论语》孔子曰："人不知而不愠，不亦君子乎！"故孔子生平，亦不志在为一文学家。人之对自然美，尽于欣赏，对人之美则不能无所求。苟其求真挚，必带强烈性，乃若带破坏性。对方不能如我意，则于我亦反有所破坏。故艺术之对象乃自然，乃可任我排布，当下即是。文学之对象是人，人亦是一我，彼一我不能由此一我作主，此一我之要求愈深愈强，彼一我之反应亦愈不易相符，人生真悲剧全由此起。

今若从科学上看，则物质外在，与我对立。但到艺术境界中，则两体融和，不见对立。到文学境界中，则人相处合成一大群，亦不见有对立。今若试想，世界上只此一我，孤零零如鲁滨逊飘流荒岛，四围都是物，都有待于我之去想、去懂、去处置、去利用，而外面则只是深黑一片，沉默地朝对我，冷酷地静看我如何办，那是何等可怕而不可忍的一个局面呀！但那是纯科学的世界，亦即是一纯科学的人生。人生不能老在纯科学的世界中，过一纯科学的人生。这样的人生，太阴沉、太暗澹、太呆板、太冷酷。必须有艺术的灵风来吹散，必须有文学的暖气来烘暖。现代人生，距离艺术与文学的人生太远了，所以要有艺术家与艺术作品，要有文学家与文学作品，来相调剂，来相吹嘘。此只是人类文化初接触到第三阶层时之曙光微露。

文化第三阶层之终极理想，应该是一个艺术与文学的世界与人生。那时则整个自然全部艺术化，整个人生全部文学化了，那多么有趣味，多么富情感呀！此刻则还在科学世界，大工厂里的机器转动，仅可大量生产冷酷无情的物，只是财富，没有人生情感与趣味。人生不能是唯物的，也不能是唯生产的，唯科学的。唯物的生产，生产不出人生情趣，生产不出人生真理来。科学真理，也不即是人生真理。而人生之所求，则主要在情趣上。必待于物质中发现了生命，生命中发现了心灵，在心灵之交互相通中，才发现有人生情趣。那是人生心世界中事，非物世界中事。因此文化也必待发展到第三阶层，乃始到达人生之真要求与真理想。

以上所言，乃略就世界人类文学大体有如此。而深言之，则中国文学又独不然，有特异其趣者。中国文学则早已艺术化，与其他艺术多所同而少所异。远自西周初年，《古诗三百首》，下迄战国中期楚屈原之《离骚》即《楚辞》，为中国此下两千年文学之大本大源。后代文学即依此而发展。而其体制与境界，乃与其他民族之文学内容有其大不同。

古诗分赋、比、兴。"赋"者，自叙其事，此乃文学之大共体。而"比"则来自宇宙自然界，即与艺术大相似。而"兴"则于此下人类继续诞生之性情有兴起，尤为此下文化大本大源之所在。故中国文学，乃自修身、齐家、治国，而达于平天下。自人生而达于宇宙自然界，终始本末，一以贯之。体用皆备，而无所缺失。亦宗教、亦哲学、亦科学，而兼容并包，无不俱备。《论语》言："夫子之文章，可得而闻也。夫子之言性与天道，不可得而闻也。"颜子则曰："夫子博我以文，约我以礼。"中国传统文学，上包"性与天道"，下涵"人生诸礼"，其内容有如此。则又乌得与人生分别而言之。

<h1 style="text-align:center">八</h1>

其次要说到宗教。

人到无可奈何时，才感到需要信天、信宗教。宗教是一件变相的艺术，变相的文学。人穷则返本。苦痛临头，才懂得要皈依与信仰。

由近代科学言，宗教似非宇宙真理。遍觅太空自然界，找不出一上帝及其所在地。但由艺术、文学立场言，宗教显然亦可说是发生于人生之心性，乃心性中一要求。老母送子从军，乃是无可奈何。人生既不能无国家、无社会、无法律、无战争，爱子已达兵役年龄，无可逃避，前赴战场，生死莫卜。好罢，上帝保佑你！那再有什么办法呢？

宗教人生是颇接近于艺术与文学的。但显然地非科学。一切宗教仪式，都成为艺术；一切宗教传说，都成为文学。但禁不起人心理智的查问与考验。上帝只是人类内心中所要求的一亲人，不如人类所亲手创制的一工具。今天科学发达，想象中的上帝太远、太渺茫、太无把捉了。亲手制的工具则就近可靠。背离了上帝，来寻求工具，仰仗工具，认为人生可凭工具得救。

然而工具乃由人类理智所制造，终于救不了人生，此又是人生一悲剧。

九

最后讲到道德。

在中国人观念里，人生终极希望，乃道德，非宗教。创世纪，耶稣复活，末日审判，这些说法是宗教。耶稣的十字架精神，这种人生始是道德。

道德是人生理想之实践。文学有所求，宗教亦同有所求，而道德则有献非求。道德只求"尽其在我"，不更向外别有求。

父求慈，不求子之必孝；子求孝，不求父之必慈。文学是求在别人身上发现我，在别人身上完成我。道德则我在别人身上发现、完成。在儿女身上发现完成了理想的父母；在父母身上发现完成了理想的儿女。没有儿女，发现不成理想的父母之慈。没有父母，发现不成理想的儿女之孝。没有道德，发现不成理想的我。道德只是人的真性情，只有性情始是人之真，始是真我，始是真人生。父母求慈，必得慈；儿女求孝，必得孝。

文学人生不能自足自信；道德人生则极度自足自信，因其所求不在外而在己。

宗教不能忘我，要向外乞灵；道德能"忘我"，于忘我中发现完成我。慈父心中只有子，孝子心中只有父，都能忘我，如是始能完成其慈与孝。这是忘我而得我。要做慈父，不在先求子孝；要做孝子，不在先求父慈。

"六亲不和有孝慈，国家昏乱有忠臣"，自文学眼光看，此是人生悲剧。由道德眼光看，"求仁得仁，又何怨？"君子无入而不自得。这亦可说为是最亲切最真实的人文科学；是最完美最堪欣赏的人生艺术；是最浪漫最感满足的最高文学；是最狂热最真挚的理想宗教。

若说宗教是信仰的，道德则是意志的。信仰在外，意志在我。在道德意志中，可以有理智、有趣味、有感情、有信仰，所以能无入而不自得。

科学可以反宗教，却不能反道德。艺术文学可以是非道德的，而真道德却不该是非艺术非文学的。

人人皆求人敬人爱，得此则乐，不得此则不乐。敬爱只是一种人心的境界与领略。今试问，你受人敬，受人爱，你到达了此种心的境界与尝试了此种心的领略，你自觉得可乐。但若你敬人，你爱人，岂不同样地到达此境界，获得此领略，你心岂不同样地感到快乐吗？

文学境界中，常在求得对方之爱；宗教境界中，则在求得上帝之爱。道德境界之所求，则干干净净只在我心之此爱。惟其是干干净净只求此"爱"，只求此爱的境界与领略，则只要我肯发心爱人，便已达到此境界，受到此领略，又岂有不得之理？耶稣在十字架，即已遇见此爱，他已到此境界，得此领略。由西方宗教来说，耶稣所获的那一种心中之爱，实即是上帝之爱，由上帝所给与。但由中国传统道德见解言，那是干干净净的一个爱，发自耶稣本人之天性。

中国人虽说，人之心性禀赋于天，但早已由天禀赋给人了，早已在人心中，早已成为人之"天性"，即人之"性情之真"。则此爱径可说从自己心里发出，从自己性情中发出。心不在别处，早就在这里，亦永远在这里。性情不在别处，早就在这里，亦永远在这里。你若认识你自己之心，自己之性情，你便认识了此爱，获得了此爱。但由此说去，那是道德境界，却不是宗教境界了。因其没有把上帝或天安放于我之外之一更主要的地位。

此刻再说"敬"。爱中必带有敬，敬中亦必带有爱。有爱无敬非真爱，有敬无爱非真敬。"敬"与"爱"，只在字面上分别，其实所指还是人类共有的这一颗"心"，还是这一颗心之真要求、真性情。孝也好，慈也好，还都是这一个心，还都是这一种性情。只由其对象不同，流露不同，而增添了许多名目。在孔子称之为"仁"，孟子称之为"善"，仁与善所指的都只是"人心"与"性情"。此是中国传统文化精神偏向内倾的看法。

西方人偏向外倾，便认为这一个东西，这一番境界，必然来自超越人类以外的上帝，而且永远在上帝那边，永远不在人类之本身。西方人未尝不认耶稣在十字架上的那番心情是耶稣当时由衷而发的，但必推本溯源，安放在人生外面，说这是来自上帝的，这才成其为外倾文化里的宗教。

中国人未尝不说人类那种心情是由于天赋，但赋与我了，便为我所有，故必强调此种心情乃由人类内在所自发，这便成为内倾文化里的道德。

我们可以说，西方文化的最高精神，是"外倾的宗教精神"。中国文化的最高精神，是"内倾的道德精神"。外倾精神之发展，一方面是科学，又一方面是宗教；内倾精神之发展，一方面是政治，又一方面是道德。向外看，又向高处远处看，在西方是上帝，是耶稣。若改向低处近处看，则成为马克思之唯物史观，成为生产工具与生产方法。其侧重点总在外。中国道德精神之侧重点则总在内，此是中西双方文化不同之主要分歧。

一〇

以上讲完了文化七要素中的每一要素，就其在整个文化体系中之地位与功用，意义与价值，及其相互间配搭之关系。每一文化，必然具此七要素，而各各配搭不同，因此其所占地位与功用，意义与价值亦随之不同。兹就中国、西欧、印度三方试绘一图，略示梗概。

左图显示中国所重在政治、道德、文学、艺术诸部；西欧所重在

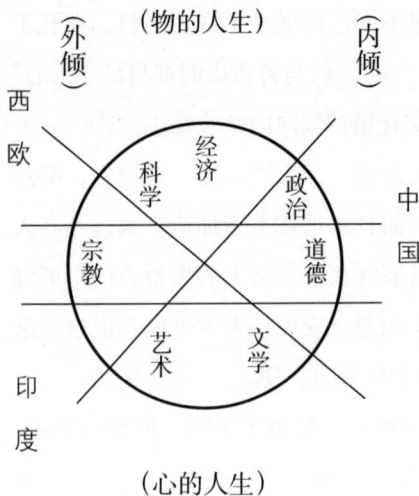

（物的人生）
（外倾） （内倾）
西欧 中国
经济
科学 政治
宗教 道德
艺术 文学
印度
（心的人生）

经济、科学、宗教诸部；印度所重则在宗教、艺术、文学诸部。

一切文化，固然全从经济人生出发，但由此内倾，则成为中国型，偏重政治、道德、人文一面。由此外倾，则为西欧型，偏重科学、宗教、自然一面。

中国文化不免偏轻了经济价值，而印度对经济人生更看轻，遂成为以宗教、艺术、文学为偏重的另一类型之文化。经济必依附于政治或科学，文学艺术则必依附于宗教与道德。印度在此方面，其文学艺术偏倾向于宗教，则颇近西欧。但其偏轻了经济，偏轻了物的人生，则又近似于中国。

此七要素中，"入世文化"的终极指导为道德，"出世文化"的终极指导为宗教。但西方人由向外征服之科学精神，升腾到向外降服之宗教精神，不可不谓是其文化精神一种内在之矛盾。印度则脱离现实，距隔物质人生太远了。中国文化则隔离科学太远，同成为一种虚弱之征。

此文化之三型，虽固互有得失，但实则各具七要素，只因偏轻偏重，配搭方位不同，分量不同，而七要素之内具精神，亦复互各不同。此层若要细讲，殊非短时间可了。此刻姑再举一例，以资说明。

上面说过，宗教精神是出世的，道德精神是入世的，因此我们可以说，宗教精神普通都是柔性的、阴性的、带有消极性；而道德精神则总是刚性的、阳性的、带有积极性。上面又说过，文学艺术常依附于宗教或道德。而西方文化则偏向宗教，中国文化则偏向道德，因此关系，中西双方文学艺术，亦连带有其内在精神之相异。在西方，文学常称为站在人生之前端，艺术亦大体如是。试看西方的小说，或戏剧电影，就中国人看法，它总带有刺激性，总带有火气，使你热辣辣，心不安，要从现实中挣扎向前冲。但社会人生并不即是文学人生，经济人生更非文学人生，你的挣扎不免要碰壁。而失败了，回过头来，有宗教上帝在抚慰你，饶恕你。一张一弛，西方文学艺术则是常带阳性的、积极的。但在中国则不然，文学艺术往往一片恬憺，一片温和。具体刻划的小说戏剧，并非中国文学之正宗。中国的文学艺术，常喜从人生现实中躲避一旁，它带阴性的消极气氛。温柔敦厚是诗教。在实际人生中失败了，在中国的文学艺术中，可获得慰藉与同情。中国人的道德教训像是一严父，文学艺术则像是一慈母。一张一弛，中国文学艺术却担负了西方宗教的功能。

此刻的中国人，一面爱好西方的文学艺术，但同时却不能诚恳地接受西方的宗教信仰。另一面虽不能强调提撕自己的道德精神之传统，但在其内心深处，实在也并未能彻底把道德传统放弃。于是在目前中国人的内心深处，譬如失却了慈母之温存，干燥、冷酷、苦闷，精神上无慰藉、无解放。穷苦家庭的子弟，常易奋发。只有家庭无温情，子弟易于变态、失常、走极端。马克思主义在西方，抹杀了耶教精神，西方共产党徒，一样是无母之孤儿，老对着一位严厉的父亲，要你向前吃苦，吃苦向前。向前为的是吃苦，吃苦为的是向前。如此人生，有何了业？然而这一种吃苦向前、向前吃苦的新宗教，居然也能一时蓬勃，这只有在人心失常变态走极端时才可能。

今天在中国共产主义之兴起，与其说是经济问题，政治问题，更不如说是大多数人心理上有纠结，有变态，而失常，才走此极端。换言之，这是中国文化在其统体配搭之失却调整中之一种病象。我们若非总观文化全体机构，单从一枝一节处着眼，永远将摸不到要领。

六　中西文化比较

一

上面所讲"文化三阶层"、"文化两类型"，及"文化七要素"，本来只想先就人类文化体系中之一般情况，作盘空不着实地的描述。但为便宜趁势，有些话早已落到实际，牵涉及中西文化之异同比较方面。这一讲则拟再进一步，专就此问题，即中西文化之异同比较问题，作更翔实更具体之申说。让我们这一架专供观察人类文化者所乘坐的飞机，从云层再度下降，再更接近地面，好仔细更多考察地面上的一切。但下面所说，依然是在飞机的厢座里，依然是一种盘空掠影的观察。这是我们这一讲演所预定之节限。

上面讲过，因为文化两大类型之不同，在经济人生之下，便分出偏政治、偏科学的两条歧向。科学外倾，偏向物世界；政治内倾，偏向人世界。又从政治支派之下偏向道德；科学支派之下偏向宗教。宗教外倾，道德内倾，文化第三阶层之大趋势，依然沿续第一、第二阶层之原有倾向而前进。宗教一切归宿到上帝，上帝在人之外，并不在人之内，如此便成为"天""人"对立。耶稣教人，你该照上帝意旨来对人对你的父母。此因宗教看人生本身便是一罪恶，人在罪恶中，不可能有爱，不可能懂得爱，所以必要皈依上帝才能来对人。中国人讲对父母要孝，对人群要仁，是人生天性。天生人便懂得爱父母，爱同类，人性中便有爱。爱在人之内，不在人之外。可见理论上的宗教根源是"外在"的，道德根源是"内在"的。

宗教精神，实际就等于科学精神。它讲述世界由谁创造，人类怎么出生，科学研究的也是这些问题。西方的哲学，常是一边依傍宗教，一边依傍科学，也都在这些问题上用心。中国人偏向道德精神，就不问这些事，不问世界由谁创造，人怎么来，宇宙原理如何，却只就现在此刻人生本身之实际做出发点。我们也可说，中国人的政治，也便是道德。政治即是道德实践之一项目。中国没有像西方般的哲学，中国哲学，也都偏重在政治和道德问题上。

因有此两大区别，连及文学艺术也各不同。于是循环过来，再影响到他们的经济人生，牵连引生出种种相异，种种不同。

让我再作一譬喻，若把文化比作一棵树，第一阶层的经济，第二阶层的政治和科学，譬如阳光、土壤、水份与肥料，没有这些，便不能开花结果。文学、艺术才始是人生之花果。人类文化，必先安排好第一第二阶层，造成了一个环境，才有第三阶层之花果。宗教与道德，则是那一棵树的内在生机。缺乏了这生机，尽有阳光、土壤、水份、肥料也开结不出花果来。生机才真是所谓无用之用，看来像无用，其实用处最大。所以我们将特提"道德"与"宗教"，作为人类文化体系中最主要的核心。

二

这些话，依然是重复阐述上一讲的意见。现在我将进一步先来分析现代西洋文化之来龙去脉，然后再把中国文化和它作对比。

近代西洋文化有三大渊源：

一、希腊。

二、希伯来。

三、罗马。

希腊文化是一个畸形发展的文化，何以呢？按照上述文化三阶层，递次进展，该从第一阶层透过第二阶层，而进入第三阶层，才是文化演进之正轨。但希腊文化则不然，它直从第一阶层升腾到第三阶层去。希腊人始终不能构成一国家，老在市政府政治下停留了。那是它的大缺陷。最先的希腊哲人们，都在东方殖民地居住，因此他们并不留意希腊人本身的政治社会问题，他们的思想，常从个人人生直透到宇宙万物，还从宇宙万物直落到个人人生，中间忽略了群体团结的一阶层。他们的科学、文学、艺术，造诣虽高，对政治没有好安排，譬如腰部受病，到底要妨害全身健康。苏格拉底、柏拉图、亚里士多德，已在希腊晚期。他们的思想，还是受了传统束缚，他们虽开始注意讨论到社会群德方面，可是也并无大成就，无大影响，希腊文化也就此夭折了。

犹太民族是一个流离播迁吃尽苦楚的民族，轮不着他们来预闻到大群政治社会的一切措施。他们常在想，外面人都不好，都在欺侮他们。他们自身也不好，所以永远受人欺侮，必是罪有应得，因此上帝不给他们过好生活。希腊的文学艺术是欢乐的，犹太人的宗教观念是悲哀的。人生本身即是罪孽，根本无好希望！只盼一救世主出世，来拯救他们。耶稣便应此民族内心之呼召而来。但耶稣说，"上帝不仅要救犹太人，一切尘世苦难人，上帝都要救"。这一说，平白地把犹太民族一向希冀的上帝，分送给别人了。耶稣因此终于钉死在十字架上，此是耶稣精神之伟大处。但耶稣心里的上帝，其实也并不能拯救这一世界之现实人生。罗马人正在当时向他们横征暴敛，耶稣却说："凯撒的事由凯撒管，上帝的事由我管。"这是说，上帝不管这世间事，不管人生现实，上帝只管你死后；不管你的肉体人生，只管你死后的灵魂。你生前世间事，仍让由罗马皇帝罗马法律来管吧。如此则岂不只管到人生死后的一半截，而且比希腊人更脱空，只有上帝和天国，连文学艺术的现世生活都没有。但希腊的文学艺术，虽属现世的，却是"个人的"。耶教的上帝，虽是出世的，但上帝的心关切到全世界全人类，因此耶稣教义是"世界性"的。这一点，正可弥补希腊人的大缺陷。我们不可能专讲希腊个人精神，必得补上耶稣博爱牺牲的教义。

再次是罗马，罗马人的法律政治，确有大成就。但罗马文化又透不过第二阶层，进不到第三阶层。若说罗马人也懂道德，那是政治性的道德，非道德性的政治。罗马是政治、法律、权力、组织高出一切的。因此罗马文化始终停滞在第二阶层里。耶稣教传入罗马，罗马帝国统治下的一群被压迫人民，像疯狂般地信从。罗马政府无法弹压，无法禁止，结果凯撒向上帝求和，罗马皇帝也信奉耶教，暂求妥协。但罗马帝国不久也便覆亡了。

中世纪日耳曼蛮族入侵，帝国瓦解，凯撒并不能借上帝之力来援救罗马，但上帝却反而借用了凯撒之力，把罗马人的法律组织灌输到教会里，形成一大力量，渐渐克服那大批的蛮族，使他们亦来听受教化。但这里又出了毛病。宗教到底是外倾的，是出世的；政治是内倾的，是入世的。宗教而政治化，由宗教来控制政治，哪得无病？文艺复兴，是希腊文学艺术精神之复活，是个人现世欢乐主义之复兴。宗教革命，是"凯撒事由凯撒管，上帝事由上帝管"耶稣那一句遗教之复兴，政治再从宗教牢笼下挣扎独立，这样才有西方现代国家之产生。

三

　　法国大革命，提出个人自由、平等的口号，那是希腊精神，博爱则是耶教精神。近代欧洲英法诸国，其内在核心的政治体制是民主的，但对国外被征服地，则师承罗马帝国规模。那是罗马精神。近代西洋文化，正由如此三方面的文化传统所拼凑而合成。

　　这样的拼凑，本已费力了，中间又插入近代新科学之兴起，忽然说不是太阳绕地球转，而是地球绕太阳转；又说人类由猴子演变而来，不是由上帝所创造；于是宗教信仰发生摇动。但耶教中的博爱精神与世界主义，在此整个文化体系中，若要抛舍，这是一大困难。因新科学而发明新机器，大工厂大企业，走向组织，又与个人自由的向往相冲突。法律平等，而经济不平等；政治自由，而产业不自由。为要解救此一困难，只有向外征服，厉行帝国主义殖民政策，侵略外面来和解内部。这又与耶教之博爱精神、世界主义相抵触。这些都是近代西方的文化病。

　　他们许多哲学家、政治学家、社会学家、经济学家，绞尽心血，早在面对此种种困难寻求解决的出路，却不料出了一绝大的反动。"唯物史观"针对着宗教信仰，"阶级斗争"针对着个人自由。有人说，西方的共产党，有似于罗马晚期地下的耶稣教会，但那时还是上帝、凯撒分权而治，此刻则凯撒兼做了上帝，只许你信凯撒，不许你信上帝。有人说，俄罗斯有似于罗马晚期的北方蛮族，但那时的蛮族，仅还是一个武装蛮族，此刻的新蛮族，则挟有一套新教义，汹涌疾卷，要对近代西方整个文化来一个全面吞灭。只有科学是中立的，这里也帮忙，那里也尽力。可见文化问题，不是一纯粹科学的问题。

将来西方文化之前途，究将如何再调整，这自然有待于西方人之更大努力，此刻我们且把此搁下，再来看中国。

四

中国文化，从头即是自本自根，从一个源头上逐渐发展而完成。西方是诸流竞汇，中国则是一脉分张。

中国文化，就上述文化三阶层言，实在能就第一阶层透过第二阶层而进达到第三阶层；还从第三阶层向下领导控制第一、第二阶层，符合于文化演进之正常轨道。不比西方希腊、希伯来是腰部虚脱的早熟文化；罗马是透不到顶的积滞胸腹的臃肿文化；近代西方，则在拼凑此三系文化之后，因新科学之发现，物质生活之突变，第一阶层过度膨胀，尾大不掉，无形中早有全从第一阶层来发号施令的趋向。又好像大厦已成，基址摇动，是一种随拆随修的紧张文化。

就整个文化体系之配搭与演进言，中国比较合理而稳健。因此中国历史上的文化病，常是些外邪风寒。若说其本身有病，则只是些一时弱症。所谓弱症，亦是对外面风邪之相比而言。

中国土地大，国防线长，社会内部安定和平得久了，易于暴露弱症，但这不是一个本源病。因此中国史上虽有好几度的外族入侵，但撼不动中国文化底本质，推不倒中国文化之全体系，中国人终于凭仗此文化潜力，把外患继续消弭了，也把外族继续同化了。

这是已往的话。近百年来，中国本身内部，早又犯了病，而外面大风邪，则是近代西洋崭新的具有另一套的文化体系精神的强大压力，远不比已往的外患，才使近代中国陷入一前所未有的大困难，这一点还待我再加分析。

本来中国文化，已经发展成一个比较完整而健全的大系统，此层我已在另一书《中国文化史导论》中讲述过，此刻不拟再述。惟是文化本身，亦如生命般，须得时时活动前进。最怕是生机遏塞，精神涣散。尤其在上述第三阶层关涉精神心世界方面的各部门，应该不断提撕，不断发皇，然后第二阶层的政治社会机构，可以不断相随调整，第一阶层的经济物质生活，可以不断相随充实。而中国自满洲政权控制全国一百多年，到达乾隆、嘉庆年间，其第三阶层里的最高领导精神，由渐经遏塞而颓唐，而腐烂，而迷惘失途；第二阶层政治社会机构，亦多走失样子，与原有最高精神脱节。那时的满洲统治，虽说已受中国之同化，但中国的文化大体系，也早为满洲统治所腐蚀。这时候，本该有一番重新提撕调整工作，而西力东渐，另来一新刺激，内部的病痛来不及调整，外面的祸害又急切无法抵抗，同时也无法接纳融化，这才造成此最近一百年来尴尬混乱的局面。

五

让我再把此最近期间国内对文化问题的几种看法，略一叙述。

有人说：中国文化根本要不得，应该全盘西化。这一说，实在不合历史情实。中国文化绵历四千年，可大可久之成绩，早已客观显著。人类历史演进，本非直线地上升或降落，而常循波浪式的曲线进行。若把中西双方历史进程统体比看，有时中国光辉上进，西方暗淡堕落；有时西方光辉上进，中国黯淡堕落。我们不该横切这短短的两百年，来衡量双方全过程，而说中国文化根本要不得，便该全盘接受西方化。其次，"文化"与"文明"不同，文明是物质的；文化是生命的。文明可以传播，可以模仿；文化则须自本自根，从自己内部生命中培植生长。如电影，机械、摄制、放映种种属于物质技巧方面的是文明；编剧、导演、表演等是文学艺术，是一种民族文化精神之内心流露，两者间截然不同。我们可以急速学到西方人拍摄电影的技术，但在剧本内容、演员表情方面，不仅中国的文学艺术精神与西方不同，即就西方论，英、美、法、德诸邦，也各有风格，各有精采，谁也学不像谁。电影是小事，尚属如此。若谓中国人只要钞袭西方一部宪法，便是政治西化；钞袭西方一套学校章程，便是教育西化，哪得如此般省力？

若使中国也如罗马帝国崩溃前夕之北方蛮族般，自身本无甚深的文化基础，只凭自己精力来接受外面文化陶冶，这比较尚简单；然亦得经历西方中古时期一段悠长时间之演变，才有近代西方文化之光采发越。不幸近代中国人，早已不是一蛮族，排去旧的，接纳新的，不全是精力问题，还需要高度的理智。能疏解，能诱导，始可逐步转进。若今天般单凭短视的势利眼光，把中国的一笔抹杀，西方的盲目接受，那真谈何容易？

其实那辈主张全盘西化的人，又何尝真主张全盘西化呢？首先他们多不信基督教，而且有的还是极端反宗教的人。他们没有想，宗教精神，在西方文化的果盘里，是最珍贵的一碟，主张全盘西化而拒绝了耶稣教，势必要走上唯物史观的路向，宜乎马克思要当仁不让，大摇大摆地，俨然走进来高居首席了。

另一部分人，认为人类文化在本质上实无大差别，差别的只是前进与落后。中国文化只相当于西方之中古时期，只要再前进一步，科学化、工业化、现代化，中国便也和西方一般，这里面并无更深奥的文化问题在作梗。这一说，其本身即是唯物史观的见解。未免看轻了文化本质差异之重要。

我在上述文化三阶层、两类型、七要素时，对此已有好多发挥，若只改进物质生活，科学化、工业化、现代化，则如英、美、德、法，都已是现代化的国家，各国国情仍还是不同，此刻的苏维埃，极端加速科学化、工业化，却并非一般西方之现代化。又如印度、土耳其诸邦，若使他们全部科学化、工业化了，也未必一切会像英、美般的现代化。文化问题，不能专就一阶层一部门着眼。我们若埋头一意科学化、工业化，而把其他各部门、各阶层、各要素全忽略了，认为只要物质阶层改进，经济人生向上，其他一切自有出路。那是一种大胆的假设，不合文化历史情实。而且在文化体系中的其他要素，其他阶层，若不能有办法，单剩经济工业一条线，也不会畅遂地进展。

正为今天的中国人，对文化问题没有一较完整较明晰的认识，旧的随便拆，新的随便盖，一砖一瓦地收集，一墙一壁地建造，没有一个大图样，没有一个总方案，没有一个笼罩全局逐步兴修的大计划，因此一切精力，全零星地浪费了。我们若盼望中国将来之文化新生，我们还得统盘筹划，从头努力，这须是一个学术的、理智的最高认识，不是仅凭感情精力，便能胜任愉快的。

七　文化的衰老与新生

一

我在前一讲里，又牵涉到文化问题的另一论点，即文化之衰老与再生的问题。是否人类文化，也如人类生命般，必然有它的生老死灭呢？是否某一文化，经过了某一段相当时期之演进，必然要走向衰老，趋于死亡呢？

根据历史，确然有许多民族的文化，好像是毁灭了，死亡了。在第一次世界大战前后，德国哲学家斯宾格勒，他写了《西方之没落》一部书，发挥他对人类文化之"悲观论"，认为人类文化，也如个人生命般，不可逃避生老死灭之自然顺序。但这里有一个客观的历史事实，即中国文化确已绵延了四千年，直到今天，依然还存在，这显然与斯宾格勒的论调正相反。若说中国文化早已死灭，这一点，我们实不能承认。若说中国文化已趋衰老，这"衰老"二字，也嫌太颟顸。究竟指的哪几种征象，而说它衰老呢？

有人常说"民族衰老"的一句话，这亦是一个模糊不清楚的概念。世界上任何一民族，其进入历史文化阶层有先后，但并不即是它民族生命之长短。在希腊、罗马时代，欧洲北部，早已有日耳曼人，他们在树林里过着距离人类文化历史路程较远的原始野蛮生活。他们只是进入文化历史的时期较在后，并不即是他们的民族生命较尚新。非洲的黑人，南洋的棕色人，论其历史生命亦并不短，论其文化生命，至今尚未能跃登世界舞坛，有所表现。你说他们的民族生命是新是老呢？若认民族由文化之陶冶而成，故进入文化境界较后的，便是民族生命较为短浅的，则文化寿命本身有长短，这是文化的本质问题，并不能说一切文化都是齐头并长，久演的便是老、是衰；浅演的便是新、是壮。路旁的蒲公英开久了，不就是年轻；深山中的柏树，经历了几百年，不就是年老。

文化生命，究和自然生物的生命不同。个人生命属于自然界，民族文化生命则属于人文界。人文世界固亦从自然世界演出，不能脱离自然界而存在，但它已超越了自然界，不能把文化生命与自然生命一概比论。自然律并不能完全限制人文律。个人生命不能无限展延，但民族生命则已远超过自然生命，不能也说它定有一时间性的限度。即谓在理论上必有此一限度，但此一限度亦可无限展长，像中国便是一好例。

只要文化生命持续，民族生命亦可相随持续。人类文化发展到第三阶层，已进入心世界，心世界纵然不能脱离物世界，但心世界实已超越物世界而表现。一个生物界的人，寿命甚短；一个文化理念界的人，寿命可甚长。孔子、耶稣的自然生命，早已不存在，孔子、耶稣在人类理念中的文化生命，至今仍存在。将来只要有人类存在，只要有文化存在，此种理念人格亦仍必存在。

希腊文化因其早熟，罗马文化因其半途凝结，而不幸相率早夭，当时的希腊人、罗马人，在历史上变质了、消失了。但希腊、罗马文化之菁华，仍可为别种民族吸收融化，而保留常存。今天只要西洋文化存在，不能说希腊、罗马文化已归消灭，如是则文化生命之持续性，更比民族生命为悠久。

近代西洋文化，因有科学上之种种发明，而开放出异样灿烂的花朵。即就最悲观的文化理论出发，亦不能说此后因近代文化内部自身犯了许多病，而连带引致此一种新科学精神之相随消失。文化病大都出在整个文化体系中，各部门配搭之不妥当、不健全，失却平衡协调。只要把此各部门重加调整，即可获得文化体系之再度完整、再度新生。此层即就西洋文化史看，已足证明。故说每一文化，必然要衰老死亡，此说未免太悲观。

二

中国传统文化，因其三阶层递升发展之合于正轨，因其七要素配搭之比较妥贴，因此其持续性最强最大。更要的，中国文化是内倾型的。我在讲"文化两类型"中，已经指出此一类型文化之基本观点之比较合理处。现在再就世界人类文化历史之各方演进，再一申述。

文化即是人生，而人生所赖，最基本的还在"农业"。因此世界最古文化发源地，如埃及、巴比仑、印度、中国，都是平原河流灌溉区域里的农业文化。农业文化之缺点，主要的是安而不强，足而不富，和平是其长处，软弱是其短处。"小型农区"：第一是发展易达饱和点，农耕区域达到饱和点，即失却其前进之机会。埃及、巴比仑，都是小型农区，达到饱和点后，其文化精神即难继续上升。于是便积渐腐溃。第二是小型农区力量薄弱，不够抵御四邻外围游牧民族之武装侵略。巴比仑、埃及，都在此上夭折了。印度则气候太热，生物丰盛，生产太易，便也从第一阶层滑进到第三阶层，在其整个的文化体系中，属于第二阶层之过渡阶层，也并没有建立起健全的基础。在印度，宗教、文学、艺术都有很高成就，而政治低能，也和希腊、希伯来同样犯了一个软腰病，他们的病源不同，病征则一。

只有中国，是一个"大型农区"：它何啻包括好几十条尼罗河与底格里斯、幼发拉底河，何啻包括好几十个埃及与巴比仑。而且它地处北温带，气候比较寒冷，生产比较艰难。若论产生文化的自然条件，较之埃及、巴比仑、印度，可谓得天独厚。然正因此故，中国文化之果实，却结得最坚实，最满足。中国文化，至少经历了两千年的长期演进，直到春秋、战国时代，渐臻成熟。那时抟成一大民族与大国家的文化条件，才开始完备。但那时埃及、巴比仑早已夭亡。待到西方希腊文化消散，正是中国秦汉大一统局面完成，中国文化的全部机构，与全部组织，才开始确立。

因为中国疆域辽阔，土地广大，黄河、长江、淮水、济水、汉水、珠江、辽河、黑龙江、澜沧江，一条水又是一条水，一个水系又是一个水系，最先的文化核心，只在几条小河流几个小水系上面，孕育长成。此后逐步扩展，逐步凝结，不知经历多少努力，多少奋斗，费却多少心血，增长多少经验，绵历着两千年的长时期，不断有新刺激，不断有新进展，不让它停顿壅郁，亦不让它轻易升腾，按部就班，脚踏实地。"充实光辉之谓大，大而化之之谓圣，圣而不可知之之谓神"，这几句话，也可把来描述中国的文化人格。

中国一到秦汉时代，全部文化体系之大方案、大图样、大间架，开始确立。那时中国文化已有坚实的内力，因此可以抵得住外面匈奴蛮族之武力侵犯。罗马帝国之建立，是纯武力的向外征服。中国秦汉大一统，是两千年来酝酿成熟的全部文化图案之具体实现。因此罗马帝国基础不稳固，罗马人的心思聪明智慧，全集中消耗在如何维持他们的帝国。永远阏塞在政治、法律、军事、财富、斗争、组织、文化第一、第二阶层上，始终透不到第三阶层去。一到北方蛮族入侵，便土崩瓦解，无法收拾。中国秦汉大一统，基址稳固，这是一文化凝成的民族国家，精神贯彻到全国的大疆境。此后虽有五胡乱华，印度佛教传入，但中国传统文化之大方案、大图样、大间架，依然保存。

只加一番提撕、调整和充实，即有隋唐文化之再生。外面力量转不过这一个大体系之内在精神，终于为此一大体系所吸纳而融化。在此大图案中，小小破坏，小小修订，小小润饰，还是这一个大图案。此后经历安史之乱，辽、金、元内侵，宋明文化，一样能撑持，能再获新生。实在还是这一个图案，还是这一个间架，不过是继续提撕，继续调整，继续充实。

现代中国人，有些看了斯宾格勒的文化理论，认为中国文化已经阅历了几次的循环，好像秦汉时代的传统文化已毁灭，隋唐又是一新循环，一新文化。这并没有把握到中国文化史内里之真精神与真面目。中国文化之传统内倾性，及其三阶层之循次递升，七要素之相互配搭之基本精神，秦汉以来两千年，全未动摇，依然健在。这是中国文化体系最稳健最坚实的具体的历史证明。

三

"农业"是人类最基本、最主要、最正常的生业，以前如此，以后仍将如此。

因此"农业文化"，亦将是人类文化中最基本、最主要、最正常的文化。而此一文化，先天的有其弱症。

在古代，易于受游牧文化之蹂躏；在近代，则易于为商业文化所摧毁。近代的商业文化，即等于一种新的游牧文化，此层在斯宾格勒的书里早说过。

而中国文化，则是世界各地区、各民族农业文化中发展得最悠久的，因此也是最完成、最标准的。它在已往历史上，已经历受好几次游牧文化之侵凌，而终于屹立存在。

现在则又须受一番新历练、新试验，看其能否抵得住现代商业文化犹如新游牧文化之侵凌而依然完好，依然持续。

这一历练，这一试验，则全看其能否再提撕、再调整、再充实，而决非中国文化全部要不得，决非只有全盘西化是它的出路，亦决非专在物质生产科学工业化上着想，便能胜任而愉快。

此几点，都在前面说到。然则最近将来的中国文化新生，究将走何道路？此刻亦该顺便一说。惟我此刻所说，将仍在文化大原则上提示几条纲领，几项概念，至于种种具体现实问题，则有待于此种原则纲领与概念之确立后之随宜引申，随宜演绎。既非个人智力之所及，亦非本演讲范围以内事。

四

上面说过，中国文化是以"道德精神"为其最高领导的一种文化。由道德精神具体落实到政治。这一种政治，亦该是道德性的政治。再由政治控制领导着经济。这一种经济，亦该是道德性的经济。至于文学艺术，莫不皆然，其最高领导者，还是道德精神。

中国文化之最弱点，则在宗教与科学。中国亦有宗教，然宗教地位仍受道德精神之支配。如祭祖宗、祭圣贤、祭各地有功德之人物，乃至祭天地诸神，亦一切以颂德报功之道德意义为骨干。中国是以道德精神来洗炼了宗教信仰，并非由宗教信仰来建立道德根据。

佛教传入中国，在其重要的根本教义上，还是逐渐中国化，逐渐接受中国传统道德精神之洗炼。中国人主张"人性善"，"人皆可以为尧舜"，佛教亦强调人皆有佛性，人人皆可成佛，即心即佛，而且可以立地成佛，肉身成佛。佛教又容许为祖宗荐功德，赎罪过。崇祀先圣先贤，礼拜天地诸神，各种祭祀。隋唐后之佛教，渐成为中国之佛教。中国人并非不接受宗教信仰，只其宗教信仰不得与整个文化系统之主要精神相违戾。耶稣教主人生罪恶，绝不能说人人可成耶稣，又绝不许人祭祀祖先，崇拜圣贤，遂与中国传统文化格不相入，所以耶稣教来中国三四百年，仍难在中国风俗中流行、文化里生根。

中国因有它自己一套的道德精神，本可不要耶稣教，而实不可不要西方之科学。但此处须特别提起者，西方科学实与西方之宗教相冲突，但亦可为中国传统道德精神所利用。试举例言之，天文学上发现了地绕日转，并非日绕地转的新智识，这对西方宗教信仰，发生根本摇动。但在中国人看，地绕日转，还该父慈子孝；日绕地转，一样该父慈子孝，并不成大问题。西方生物学进化论，认为人类并不由上帝创造，此一说，在西方宗教教义上，又发生一番大摇动。但就中国人看，人由上帝创造，固该父慈子孝；人由动物变来，也该父慈子孝，仍不成大问题。此因中国人的道德理论之最后根据在人性，不在上帝。而中国人所观察的人性演变，只就人文历史之进展上着眼，不就未有人类以前立论。未有人类以前，根本与人性不相涉。

中国文化乃"人文本位"者，此即指其"内倾"。即就人文本位来寻求建立人文本位中之一切理论与根据。西方文化乃"自然本位"者，此即指其"外倾"，故爱从自然世界中来寻求建立人文世界之一切理论与根据。科学发明，在西方文化体系中必然要引生极大的激动，而加进中国文化体系中来，则并无妨碍与冲突。再换一面说，中国文化可以不要耶稣教，但在西方文化系里，却又绝对不能不要耶稣教。

自近代科学真理逐渐发明，耶稣教教义根本动摇，西方文化起了蚀根作用，于是西方遂有"唯心哲学"之创建。唯心哲学是想在宗教信仰摇动之后，来重新建立人类在宇宙中之新地位，否则人类坠落，将与木石万物为伍。康德在西方哲学界之严正地位，与其重要贡献即在此。然唯心哲学仍不能吸纳融化近代西方科学对宇宙万物自然真理之种种发现，于是转出"机械唯物论"以及"唯物辩证法"。总之是一个"唯物主义"，仍将人生地位降落，下与木石万物为伍，此乃人类文化一大危机。

直到最近，西方物理学界探究到原子的一切功能，于是再想回头来，建立他们根据科学最新发现后之新神学，重来创立一种经过最新科学所洗炼后之"新神学"，那是一种崭新的"新唯心论"。然而这一新唯心论，极其推阐所至，必然仍还是宇宙心，而非人类本位之文化心。宇宙心与文化心之间，还隔万壑千岭，如何过接？这是西方的文化问题，本可与中国不相干。

而今天的中国人，却误认为要接纳西方的近代科学，先需推翻中国文化传统里的道德精神，这一拐，可使中国现实的政治社会一切基础，发生了一种严重的大创伤。

五

《中庸》说："天命之谓性，率性之谓道，修道之谓教。"《孟子》又说："尽心可以知性，尽性可以知天。"《中庸》说："尽己之性，可以尽人之性。尽人之性，可以尽物之性。尽物之性，可以赞天地之化育。"这是中国人根据人文本位之道德精神来建立的一种"德性一元"的宇宙论。中国人总认人性皆"善"，其所以不善，则为环境不良、教导不良所引致。由此推演，又认物性亦皆善，物性之不善，亦由环境不良、教导不良所引致。所以必尽己性、尽人性，始可尽物性。为天地万物安排一好环境，引导一好路向，天地万物一样能和人类合作，一样能配合上人类文化之终极理想。

近代西方科学，正是一种尽物性的学问。天上雷电，并不专想殛击人，只要有好环境，有好教导，循循善诱，电也可为人文界种种服务，供人类文化种种利用。此乃电之"正德"。一切物之正德，必待尽物性后乃见。西方科学，若照中国文化的传统观念，正该是一种"格物""正德"之学。

西方思想是外倾型的，他们必然认为由我征服了物，所以物才为我所役使，听我之驱遣。所以说，"智识即是权力"。中国思想是内倾型的，他们认为电性自肯发光，自肯动力，自有其善德，若其不然，我到底奈何不得它，所以说"尽物之性"。而物性还是"天命"，依然还是一自然。

西方人的另一想法，又必把自己抽开，躲避一旁，纯客观地来研究物理、研究自然，好看它一个究竟，然后我再来听命于它，这仍是"物我对立"的。所以不是上帝"唯神"，便转落到机械"唯物"。

中国思想则始终把捉"人文本位"作中心，在人文世界之实践中来体认物性，善导物性，所以说"赞天地之化育"。《论语》说："人能弘道，非道弘人。"这是说道由人而弘，非人由道而弘。故宋代张横渠说："为天地立心，为生民立命。"而人之所以能如此，则必知天心、知天命；并非由我来宰割天地，役使天地。如此则"天人一致"，人文即在自然中，自然亦即在人文中。此即《中庸》之所谓"道"。由道的观念来统一自然界与人文界，我此刻称它为"德性一元的宇宙论"。

六

人有性，物也有性。尽人之性为"人道"，尽物之性为"天道"。

在西方，"人"与"物"，"天"与"人"，始终对立。唯心唯物，皆从静定的理解上想来沟通此对立，统一此对立。

中国则把"道"的一观念，把"人文界"与"自然界"沟通了，统一了。

"道"之大原出于"性"，性与道，根本不是静定的死物，而是一种"动进的"，具有由此往彼之趋势与倾向的一种过程。

"理"贵能"分析"，从死的静定的方面看；"道"贵能"综括"，由活的变动的方面看。

西方科学"研穷物理"，常从两物之"关系"上看，因此常是死的、静定的。其实西方宗教里的上帝，亦何尝不是超然物外静定不动的呢？

中国文化之"研穷人性天道"，常从两性之"感应"上看，虽亦是一种因果关系，而此种关系则常是活的、变动的，故中国人爱言"化"。要了解中国之所谓性，必了解中国之所谓化。

西方人喜言物之"质"或物之"能"，中国人喜言物之"性"与物之"化"。故西方贵言"智识"，而中国贵言"教育"，此是中西文化观念上一甚大相异。

因此中国人之看自然，亦爱从其活的、变动的方面着眼，换言之，则喜欢从物的"德性"上着眼，即从德性的观点上来求人和物相协调、相沟通。

七

中国人又常言"性命"，性就其"内在"言，命就其"外在"言。

物各有性，物之性并不即是我之性，我便奈何不得物，也正如物奈何不得我。但宇宙间一切物，最先必从一个本源演化而来，而且它们既然同处在此一宇宙之内，而且已同处得这么久，而且其相互间又有如此深密之关系，则其间必然有可相通处，必然有可并行不相背，并育不相害之处，此便是中国人之所谓"道"。

道之大源出于天，其实中国人所谓之"道"与"天"，正即是"自然"。自然整个是一个"善"，否则何以能并行不悖，何以能长久相处，何以能彼我相通？

至于其看像矛盾冲突处，则仍是环境不善、处置不善、教导不善。我们若能穷电之性，便懂得电之可能如此，与必然不如彼，此即是电之性或电之道，此亦由于天之命。换言之，此乃是一种自然，我奈何不得它，我只有了解它，把它放在一好环境里，好好教导它，它自能不害于我，而且于我有利。

所以"尽性"之学，便是"知命"之学，也便是"知天"之学。如此则岂不人文与自然科学与宗教，在同一的观念上，紧切联结了，亲密融和了？

但其主要关键，则在先尽人之性，来作一主动之核心。否则，你若不先研究人性，请问如何来安排物，如何来指导物？

因此必先以"人文科学为主"，自然科学始有规范、始有方向、始有意义、始有价值。

西方文化之缺点，只在先从宗教与科学上来求解决人生；中国文化之长处，正在由人生问题上来建立宗教与科学。

人生问题必然最重要的是一个"道德"问题，而"道德精神"必然最重要的，是能与宗教精神科学相一致，此是中国传统文化最主要的所谓"天人性命之学"。

我们此刻，正该把西方人的宗教科学精神，来重新提撕自己的文化大本道德精神，来重新调整、重新充实自己文化的整个体系。

中国人又说，"践形所以尽性"，要发挥我之性，必从物质上实践，好好完成天之命，始能尽性，始是至善。目能视，耳能听，此是耳目之性，亦即是上天之命，此即是自然。目思明，耳思聪，你要看得清楚，听得明白，此是"践形"。即是从物质上实践，乃始能尽性，乃始为人生之正道，亦即是天之正命。此是我们做人唯一要旨，亦即人生最高道德。

如是推扩言之，电灯是变相的眼睛，电话是变相的耳朵，更让你耳聪目明了。一切科学发展，便是人格扩大，德性充实，天地万物一体，科学愈发达，便愈接近此理想。耳聪目明，只为要帮助你实践发扬人之性，即实践与发扬人类文化之道德精神，而止于至善。电灯、飞机一切物质文明，也如此。格物也还是践形，还是要止于至善。

西方人全从权力与财产上着眼，所以要说"智识即是权力"。一切近代科学，从马克思想法，便都成为生产工具。而说生产工具决定了人生之一切。试问人生是不是专为生产而来，专为权力而来？在道德精神里，尽可包容有生产、包容有权力。但权力与生产，决不即是道德。西方人的权力观念与生产观念，不仅与中国道德精神不相协，抑且与西方宗教信仰不相融。然我试问如把中国文化体系里的道德精神再度提撕，如何安放不进西方的近代科学？如何决不能使西方近代科学在整个人类文化之理想发展前途有其更恰当的地位？

八

人生终极向往，是一个生命之"永生"，生命之"不朽"。但自然生命断无永生不朽之理。上帝天国，灵魂出世，早经科学否认了。只有历史生命、道德生命，真可永生不朽。建筑师之肉体生命，断无不朽，而其所建筑，在文化生命艺术生命中，却可有不朽。

中国人所谓立德、立功、立言之三不朽，是在历史文化生命中之一种道德精神之不朽。只要有五谷，中国人便崇祀一稷神，只要有土地水利，中国人便崇祀一社神。当知五谷不可能自然生成，早在自然界中加进了人类文化精神之不断努力，而后始有此五谷。土地水利，也非自然即就如此，也必在自然中加进人类文化精神之不断努力，而后始成其为如此之土地，如此之水利。中国人崇祀社稷，便是崇祀此一番不朽的人文精神。而此不朽的人文精神，又必然要配合落实到自然界。中国人所崇拜，乃崇拜自然与人文之合一，崇拜自然与人文之具有高度道德精神之指导之合一。育蚕必崇拜嫘祖，制药必崇拜神农。凡属"正德""利用""厚生"事，中国人皆崇拜，岂有不崇拜科学发明之理？

近代西方文化传入中国，中国人却不崇拜西方之科学发明，此乃中国人未能提撕发扬中国固有文化之传统精神。而一切依照西方，则受人崇拜者，只许一耶稣，只许一上帝。但就中国固有文化之传统精神言，耶稣之十字架精神，决然可崇拜，但非唯一可崇拜之人物，亦非唯一可崇拜之神。中国之孔子，即非一唯一可崇拜之圣。中国人心中之上帝，也与耶稣宣扬之上帝有其相异点，而非中国人心中绝不许有一上帝存在之可能。如是推阐，将来在新科学中再建立新宗教，即该是中国传统文化里之人文宗教，而此一宗教，也决然与近代科学不相违戾。

九

上面所说，中国传统文化体系中最短缺者，为近代西方之科学，但非近代西方科学与中国传统文化根本精神不相融。因此在中国传统文化之大体系里面，加进西方近代科学，只有更充实，断无大矛盾。

诸位或许要问，既如此，为何中国以前不能发展出像近代西方般的科学呢？我们当知，就广义言，中国已往亦并非没有科学；就狭义言，西方近代科学，也只是近代西方之新发现。即在希腊、犹太、罗马也没有。我们不能据此认为要接受西方近代科学，必先将中国传统文化彻底改造。

诸位或许又要问，何以中国人想接受西方近代科学，已历相当时期，而西方科学又始终不在中国发皇滋长呢？这因最近的一百年来，或说五十年来，中国政治不上轨道，社会失却秩序，中国文化本身内部犯了病，正如一病人不能吸收饮食滋养。你却说，他既不能接受滋养，不如把他杀了，另造一生命罢！那岂非荒唐绝顶？

或许诸位又要怀疑，若中国能接受近代西方科学，会不会把中国传统文化全部冲毁？此层我在前面亦已再三提及，只要中国人对自己传统文化之最高精神，能不断提撕，对文化各阶层，能不断调整，不断充实，则此后中国之文化新生，决然仍将为中国传统；而且我们也希望中国文化能融入世界文化中，而开展出世界人类之新文化。我们并不想专为中国文化抱残守缺。我们只要把握到人类文化进展几条大纲领、大原则，循此努力，自有前途。至于一切细节，殊无在此作具体预言之必要。

八　世界文化之远景

　　上面讲述了一些关于中国文化新生之远景，我想连带说及世界文化之新生。这两百年来的世界，是近代西方文化所控制所领导的世界。但近代西方文化，并不可能即认为是现在或将来之世界文化。今天的世界，因科学交通之发展，实有形成一种新的世界文化之需要。但世界文化之诞生，尚非急切可待。

　　近代西方人，常有一种错误看法，他们似乎常认"文明传播"即可转变为"文化移殖"。更错误的是，他们又似乎常认为只要外面经受经济物质条件之压迫，即可促成其内部文化精神之转向。于是逐渐形成一种文化布扬其表，经济侵略其里之强横态度。

　　西方人凭其近代科学之突飞猛进，常抱一种文化优越、民族优越之非客观的偏见。其实近代西方文化，如宗教、如文学、如艺术、如道德精神诸项，凡属文化第三阶层者，在彼之所能加被于其他民族者，既不深稳，亦不硕大。所谓近代西方文化广布世界之实际情形，依然只限于经济物质方面，依然只限于文化之第一阶层。而由此方面之剧变，却引生出整个世界其他各文化系统之内部纷扰与精神伤害。西方人并不了解此义，更认为即此便是世界各民族文化低劣之实证。

自经最近几十年来，第一、第二两次世界大战，近代西方文化，本身病征襮露，其领导控制世界的力量亦逐渐削弱，只要从前有历史有文化的诸民族，都想从西方势力的压迫下逐渐解放，逐渐重获自由，此如阿剌伯回教民族、印度民族皆是。此如天秤下，一面法码减轻，即等于另一面法码之加重。此后第三次世界大战能否避免，此刻无法悬揣。惟无论如何，近代西方文化必须自觅新生，则已在上面说过。

西方文化之重更新生，势必引出此两百年来西方向外侵略帝国主义与殖民政策之转向与停止。因于帝国主义与殖民政策之停止，而世界其他各民族，凡属从前有历史有文化传统的，亦可回头得一反省，得一苏息复生之机，得再从头自己提撕、自己调整、自己充实，各自求其文化之新生。

我们纵认为世界文化诞生之第一步骤，由于近代西方文化之控制与领导，则此一步骤，殆将过去。其第二步骤，将为世界各地域、各民族、各文化系统之得从此控制下解放出来，经此一番鞭策与警惕而各自新生。将来之新世界，将以各地之文化新生，代替以往之西方文明之传播；再将以各地文化新生中之相互交流，代替以往西方文明传播中之经济磨擦。各地域、各民族之秩序与组织，将由各地域、各民族之文化新生而完成。

斗争性的世界史，将渐转为组织性之世界史。然后由于各地域、各民族之各得重新完成其秩序与组织，而转进到世界之大融和。

此刻我们所想象之世界文化，则将由于此种各地域、各民族、各系统之文化新生之大融和而逐渐产生、逐渐形成。中国民族在此长期过程中，无疑的必将扮演一主要之角色，而贡献其至大之任务。这是一个大轮廓的想象，至于具体事状，自然非此刻人类智慧之所及。

我的讲演，将暂此宣告终了，让我们从此努力吧！至于我此番讲演之粗疏笼统，则已在开始表明过，尚请诸位严密的指教。

附录

一 世界文化之新生

一

当前世界种种急迫困难问题，决非纯粹由经济问题所引起，亦决非能凭着国际间的外交及军事而解决。这实是近代人类整个文化问题之症结所在。

所谓人类文化，乃指全部人生之物质方面，及其背后引生及支撑推动此种物质生活的许多重要观念、信仰、理论以及欲望等的精神积业而形成。

除非近代文化能有显明急速的转变，恐怕人类浩劫，所谓第三次世界大战，终将不获避免。然而纵使再经历了一次大战，也仍只有希望人类能因经此浩劫，而回头对现代人类之旧文化激起其反省，由是而加速加强其文化之转向与新生。

若近代人类文化不获新生，则大战所带与人类者，仍将如前两次欧洲大战后所获结果之空虚，而只更加其破坏与毁灭之惨烈。

二

所谓近代文化，乃完全受西欧文化之指导与支配。而此所谓西欧文化，则专指从十四世纪文艺复兴以后，经历过宗教革命、商业工业革命以来的五六百年而言。这五六百年的西欧文化，也并不与西方古代希腊、罗马以及中古时代的文化相同。在开始，这也是人类的一段新文化，也曾带给人类以种种幸福与光明。然而到后来，途穷路尽，这一文化，已逐渐发展到它的顶点，而开始下降，走上歧途。于是，它遂不复带给人类以幸福，而代之以灾祸；不复带给人类以光明，而代之以黑暗。这是明白的在告诉人类，这一段文化，已到它瓜熟蒂落功成身退的时代。远从第一次世界大战起，便已是这一段文化将次没落的信号。

人人都知，美、苏两型的对立，引起了现世界种种急迫而困难的问题。一方面是民主政治和资本主义的社会；一方面是极权政治和共产主义的社会。然而这实在并不是一个对立，这只是现代西欧文化一条不可弥缝的裂痕，这只是一个文化自身内部的破绽，这是现代西欧文化病态襮著之一体的两面。

共产主义与极权政治，只当看作是资本主义的社会与民主政治在发展到病态襮著时的一种反动。它决不是我们所期待人类下一新文化的嫩芽。然而我们也并不能因此便认为民主政治与资本主义的社会即是近代西欧文化的正统真传，将仍有它欣欣向荣的前途；只待极权政治与共产主义社会的反动势力，一旦毁灭，则这一个文化传统还会继续发展逐步向前。

　　当知苟非民主政治与资本主义社会自身犯了不可医的病痛，也不会有反动势力之产生。既是反动势力产生了，而且德意之后继以苏俄，反动势力已是一再的产生，这正揭示我们以民主政治与资本主义社会的内在病痛之最坚强最真实的证据。因此发展到今天的民主政治与资本主义的社会，我们只能认它是近代文化病之这一面；而极权政治与共产主义的社会，则是由这一面而引生的近代文化病之那一面。二者之间，只有正反的不同，而同是一病。譬如发冷发热。未病之先，不发冷，也不发热；病退之后，不发冷，同样也不发热。

　　近代西欧文化里的民主政治与资本主义社会，纵说它是近代文化之正统，然而发展到现阶段，确已显出病象。热度过高，因而激起相反的寒冷与颤抖，这即是今日苏俄领导下的极权政治与共产主义。在一个文化系统之下，分裂出这样对立的两型，不是病象是什么？

　　我们若抱此观念，自知人类前途，苟非改弦易辙，另寻一文化之新生，而单靠战争，祈求这一方打胜那一方，将仍不是问题的解决。若使单靠战争可以解决问题，则第一次世界大战之后，也不会有第二次，自然更不该有第三次。

三

现在让我们再问，何以这五六百年来的西欧文化，会走上这一条自相分裂，自相冲突，而不可弥缝，不可和解的绝路？这该远从近代西欧文化之正统的内在精神方面去探究。

在中古时期的西方文化，是一个基督教的文化。基督教文化的独特精神，是把一个世界严格地划分成两个：

一个是地面的，现实的人世界。

一个是天上的，理想的神世界。

现实的人世界，是有限的、物质的；理想的神世界，是无限的、精神的。经过"文艺复兴"运动之后，把中古偏向神世界的无限精神转向到实际人生，这便是所谓"由灵返肉"。从此现代人遂始看重了现实的肉体人生，这是近代西欧文化较之中古时期的一个大转变。

然而中古时代的那种向无限界追求觅取的精神，则并未放弃，并未脱舍。换言之，近代西方只把中古时期向天国灵界的无限追求，转一方向，而对着肉体的现实人生来寻索、来争取。这是领导与支配近代世界文化的一个最独特的面貌，一种最主要的精神，我们将把握此点来说明近代文化之长处及其缺点。

第一，是近代西方的"科学精神"。

近代西方人，并不认为自然科学只是一种纯真理的探究。

当知近代科学之产生实由近代西方之"入世"思潮，即上文所谓由灵返肉之一运动而鼓起。培根的理论，人所皆知。笛卡尔的《方法论》，也谓"吾人当改变思辨哲学为实用哲学，使大自然以及吾人四周之物体，皆为吾用，指挥自如，俨然宇宙之主宰"。这在告诉我们中古时期的宇宙主宰是上帝，近代文化观念中之宇宙主宰，则属人类之自身。

近代科学，若照笛卡尔的说话，尽不妨说它即是人类的一种"实用哲学"。近代科学精神脱离不了"实用"，因此也脱离不了"权力"。此即尼采所谓"争强之意志"。人类寻求知识，只在借以实施对外统制的权力。因此尼采又说，"一切科学家挟有相当的超世精神"。此所谓"超世精神"，并不与中古时期基督教文化之超世精神相类。

中古时期之超世精神，是人类凭借上帝而超出其自身之现实界。近代的超世精神，则人类凭借自己的科学知识而超出一切外面的现实界之束缚与统制。自然科学用来实现人类权力之无限伸张。

近代西方的科学精神，依然脱不了古希腊人的格言，所谓"知识即权力"，而要求这一种权力之无限伸张，则是近代文化一特征。科学则是一种极精妙的实用哲学，用来实现这一种权力意志之无限伸张。

第二，说到"个人自由"。

近代文化，由灵归肉，从此便转入"个人主义"。然而肉体的个人生命是现实的、有限的，而近代文化则认之为无限。这正因近代文化并不能完全脱离中古时期之传统，只把中古时期对无限神界的追求转向，而这一种无限追求的精神，则依然存在。

这一种"无限"追求的精神，转落在实际人生上，便成为上文所说的"权力意志"。但现实人生既属有限，而对此追求的权力意志却仍无限。在有限的人世界里来作无限的追求，终将永远感到苦痛，永远感到束缚，于是将永远的"要求自由"。

"自由"的本质，无限无极。这本是在天国神界里的理想，现在要在有限的地面人界中求实现。这又是近代文化一特征。

第三，说到"民主政治"。

要求"个人自由"是近代民主政治的精神渊泉。穆勒的《自由论》，主张"个人自由以不侵犯别人自由为限界"。这是一句不切实际的空想话。每一个人的自由，必然不能不牵连侵涉到另一个人。若真要不侵犯别人的自由，则根本将无个我自由可言。因此近代西方的民主政治，又必然以"法治"为归趋。

用法律来规定人类相互自由之限际；然而法律永远追不上实际人生不断的变化。民主政治的毛病，便出在这里。人人都在无限伸展他自由的权力意志，只把人与人间公定公认的一些法律来规范自由的际限，这是龟兔赛跑，永远的赶不上。因此法律决不能算是民主政治最根本的基础。

民主政治的最高法律，则为少数服从多数。一手一票，便是代表那个权力意志，而一切个人的权力意志，则全该自由，全属平等，于是取舍从违，只有就多数少数的"分量"比较来判决。这一法律，就内容论，是最变动的；就形式论，又是最固定的。这是民主政治的基本大法，亦可说是民主政治的基本精神。

何以多数必然是是的呢？则仍必回复到尊重个人的自由意志上。因此近代西方的民主政治，其最后精神，只是一个"尊重个人权力意志的自由伸舒"的精神。若把握到这一点，则将无怪乎极权政治之接踵继起。极权政治的精神基础，同样地建筑在尊重个人的权力意志之自由伸舒上。

若就纯精神表现而论，民主政治的个人权力意志之自由是不彻底的，极权政治的个人权力意志之自由伸舒，却在某一个人的身上，集中地象征化，而满足地表现了。我们若说民主政治的个人自由之获得与表出，是理智的、科学的；则极权政治的个人自由之获得与表出，是情感的、宗教的。人人各献出其自由意志，而集中在一个人身上象征地十分满足地表达出来，这是一种宗教情绪。

在近代西方哲学界，早有一大批学者，像黑格尔、尼采之流，为这一境界预先安排下一番打先锋的理论。

第四，再说到"资本主义"。

近代西欧文化中资本主义之形成与发展，也还是一种要求个人权力意志自由地无限伸舒之精神的表现。近代西方文化，由灵返肉，把中古时期朝向天国神界的热忱，转移到现实人生界，于是一切的兴趣与注意力，不对向上帝与天国，而对向草木、禽兽、山川、土石，一切自然界，由此而有近代科学探索之无限向前。一方面也可对向更切实的人生业务而前进，而又有近代科学之实际效用从旁为之服务，于是这一种无限向前的纯精神之活动，遂成为近代所谓"企业精神"，而由此遂形成了现代资本主义社会的怪状。

然而资本主义社会之形成，势必侵犯到别人的权力意志之无限伸舒的自由。若说资本家并没有侵犯到无产大众之自由，但至少会与真正的尊重个人自由背道而驰。何以近代西方文化，一面尊重个人自由，一面又容许此资本主义的怪物继续壮大呢？这正如上文分析过的极权政治一样。当知集中地在一个人身上象征地无限伸舒其个人的权力意志之自由，也可同样满足大家对于此种精神向往之情绪。同时又有社会既成法律来为之作辩护。正因为这种既成法律而始酝酿出资本主义，资本主义回头来拥护这一种法律，这里面互为因果，也恰如上文所分析，现社会的一切法律，本不足以代表人类不能摇动之真理，而只随着临时各个人的权力意志而转动。

于是共产主义者看准此弱点，提出"阶级斗争"的理论，提出"团结即是力量"的口号，来为在资本主义社会下，某一部分未获个人权力意志自由无限伸展而感到不满足的人们，指示一出路，指示一用力斗争的对象。这一部分人则宁愿交出他们目前可能有的很少量的自由，来希图获取将来可能有的更大量的自由。

于是我们知道，在民主政治下之有资本主义的社会，正如在共产主义社会下之有极权政治。寻根究柢，同样在追求个人权力意志之自由的无限伸舒而形成。只因处境不同，于是采用之方式亦不同。

只要"资本主义"的社会一日存在，在近代文化精神之指导与支配下，决然的要产生"共产主义"。既要产生共产主义，必然的要产生"极权政治"。这样一颠一倒，其实则是同一精神在背后作操纵。因此只要资本主义的社会真个推翻，在近代文化精神之指导与支配之下，共产主义也决然的将同归消失。

但到那时，个人权力意志自由的无限伸舒之要求，仍将在此有限的现实人生界里作祟。除非这五六百年来的近代文化有一彻底的转向与改变，纠纷的人生问题将永难得一合理的解决。

四

让我们改从近代西欧的学术思想方面来稍说几句，作为上列观点之旁证。

马克思的"共产主义"与"唯物史观"，在西欧较近正统的学者看来，常认为是左道旁门的。然而与马克思唯物史观的理论同时出世的，不是又有达尔文"生物进化论"的发现吗？就科学证据言，人类断非上帝创造，而实由人猿一类的动物所演化而来，这是无可怀疑的。

然而跟随着达尔文的发现，却不免疏忽了另一绝大的漏洞。当知五十万年以前的原人，固然确由类人猿演化而来，但今天的人类，则已与五十万年以前的原人不同，这其间已有绝大的差别；这一个差别，乃由人类自身所创造的文化所引致。不幸而近代的西方科学家太偏重自然，并没有注意到人文科学的建立，因此遂把"人类"二字笼统包括了五十万年的长时期。只注重"自然"，而抹杀了"人文"，这是近代西欧文化一大缺陷。

这一缺陷，表现在"心理学"的研究上。一辈心理学家，喜欢把动物心理来推究人类心理，来推断经历了五十万年长时期文化演进以后的人类心理。巴夫罗夫的工作，及其创兴的"制约反应说"，即是一个最好例证。在自然科学立场来讲，决不能说他的实验，有什么不是。然而从人文科学的立场来讲，他的实验，并不能说有甚大的贡献。但西欧的学术思想界，实在有此上述的一种趋势。在这一趋势之下，无怪马克思的"唯物史观"终于要见称为"科学的历史观"，而居然博得大批的信徒。

今若论究人类之所以异于其他动物者，即就生物学讲，不仅在它有了两只"手"，而且也因它有了一张"嘴"。手能制造工具，嘴则能说话。由有能制造器具的两只手，而一切外面的自然物可转为我用；因有能讲话的一张嘴，而人类彼我间的一切情感、思想、记忆，可以畅快交换，互相传达。又因有口与手之合作，而产生"文字"，由文字而产生自己心上的新观念，保留旧记忆，在人类内心方面，从此起着绝大的变化。这是人类文化演进所由与其他动物不同的一个最大凭借。

由此而人类遂由现实的有限的"肉体人生"，而走进了理想的无限的"精神人生"。但也因为人类有了文字，有了精神文化，而始产生出"宗教与上帝观念"。若使人类没有一张能说话的嘴，纵使有两只手，纵使能创出无限无尽的生产工具，但却决然生不出上帝观念来。无论这一个上帝观念，在自然科学中能否有它客观真实的存在，但在人文科学中，即历史科学中，则已有人类历史本身为证，它已是绝对存在，断无疑义的。

但人类何以忽然能产出此一上帝观念？则决非专一注意人类的两只手及一切生产工具的唯物史观者所能解释。同时也决非达尔文一派的生物进化论乃至追随自然科学的道路与生物学的立场的一辈心理学家，如巴夫罗夫辈，所能回答的。

上面所述，只求指出近代西欧文化不免有偏倾自然，忽略人文的毛病。这是近代西欧文化在本质上易犯的毛病，却不能专怪马克思。

但中古时期的上帝观念，也有引领人类，走上要求脱舍现实人生，而向另一个不可捉摸的世界而无限追寻的差失。不幸而近代的西欧文化，虽经文艺复兴与宗教革命种种绝大波澜，却仍脱不了引导人生脱离现实，而走向一条无限追寻的渺茫的路。所谓"科学智识之征服自然"，以及"个人自由之无限伸舒"，在它的开端，确曾对人类社会带来了许多幸福与光明，然这在基督教文化的开始，也何尝不曾带给人类以许多幸福与光明呢？

只要一条偏差的路走得远了，总要病害百出。上述的民主与极权，资本与共产的两型对立，一样是一个"无限向前"的精神观念在作弄、在驱遣。若照这一个历史看法来论，则人类目前所要祈向的新文化，其主要观念，当然将不仍是个人自由与资本主义，同时自然更不是阶级斗争与唯物史观。但也不是再请出上帝观念来回向中古。

五

说到这里，有我们特须注意的一点。现代世界文化，固然由此五六百年来的欧西文化作领导，但人类文化并不只是此一支。除却欧西文化之外，大体说来，还有回教文化、印度文化与中国文化之三型。这三种文化，虽然轮不到有领导与支配近代世界文化之光荣，但近代世界文化之病态襐著，在这三支文化线上却也没有形成。上文所谓民主与极权之对立，资本主义与共产主义之对立，也只在西欧文化传统的几个国家里产生，只在西欧文化传统走上绝路时，才始有此种难和解的对立。

若照现代文化观点论，印、回、中国三大文化系统，全是落后的，它们并不能像近代西欧文化般带给人们以近代西欧的那种幸福与光明，却也并不曾带给人们以近代西欧的那种灾祸与黑暗。在此三支文化系统里，是不幸而没有追上像西欧般的近代文化，却也幸而没有追上像西欧般的近代文化。

更深一层言之，只要在他们的内心，没有学到那种对于个人权力意志无限向前的自由之要求，则他们将永学不到像近代西欧文化系统里的民主政治，同时也永学不到像他们的极权政治；他们将永学不到像近代西欧文化系统里的资本主义，也将永学不到像他们的共产主义。再换言之，这三支落后文化将来的新出路，自然也不是"究竟将走向民主自由与资本主义呢？
抑将走向极权政治与共产主义呢？"这一个陈旧的空套子。

有些人却说，我们将走向"民主自由政治的共产社会主义"。
这也是不懂得人类文化演进的真精神的一种空想。若果你没有
近代西欧那种对于个人权力意志无限向前的自由的要求，民主
政治将是假的，共产主义也将是假的。字面上的拼凑，譬如说
一个圆形的三角，这哪里是产生人类新文化的一条真实路径呢？

六

我们若放宽眼光来衡量全局，则目前的世界问题，不仅有
上述美、苏两型之对立，而较更深刻广大的，还有"中、西"，
"新、旧"文化之对立。更显明更主要的，则为"中国文化"与
"西欧文化"之对立。我们批判此两种文化之异同及其所含价值
之高低，应该特别注重在其最根本的发动点上的几个核心观念，
而随带及其所能引生之种种发展与推演。

近代西方文化，如上论列：

一种是源自中古的宗教精神之"向无限界的追求"。

一种是文艺复兴运动以后之"个人自由主义"。

一种是智识权力之征服四围与主宰一切之"科学精神"。

而这三种核心观念，恰恰为中国传统文化之所缺。

第一，中国一向没有热烈深厚的宗教情绪，一向不了解超
越现实人生而向另一精神界作无限前进之追求。

第二，正因中国没有强烈的宗教情绪，相随的，也没有像近代西欧般所谓由灵返肉的文艺复兴。中国人一向看不起个人的、肉体的、有限的现实人生。中国传统文化之特殊精神，决非宗教性的，而系"历史性"的。中国人心中之现实人生，乃是经历长时期的历史人生，而非个人自由与当前的肉体生活。

第三，中国传统文化，既缺乏了无限向前的精神，又不重视个人现实生活之自由伸舒，因此也没有坚强的权力意志，也遂不想获得征服四围与主宰一切的确切智识。因此在中国文化传统里，也遂不能发展出像近代西方般之科学精神。

七

让我们再来粗略地指出近代西欧文化，从它们几个核心观念所引生的几派思想与理论之分别的系列。

第一，像康德哲学中之纯粹理性批判，发挥人类道德之无上命令与先天义务。像黑格尔的历史哲学，指示出客观精神发展向前之必然性的辩证法。像叔本华之生活意志与悲观哲学，以及尼采之权力意志与超人哲学。此一系列，乃近代西方哲学思想中属于"形而上学"的一面。探究其渊源所自，实从中古时期对天国神界之无限向往而移步换形，降落到人类自身现实生活中来的理论之第一系列。

第二，像卢骚的"天赋人权说"，强调自始以来的个人自由之《民约论》，而推演出近代民主政治中的平等精神。像达尔文的"生物进化论"，把人类地位拉近其他的生物行列，而同类齐观。像马克思专主生产工具与阶级斗争的"唯物史观"，把人类文化演进，全部侧重在自然界生物竞争一观念之下的单调的文化观。像克鲁泡特金的"互助论"，虽若针对达尔文的生存竞争而立说，但他的互助只是斗争之变相，同样是一种生存竞争的手段，同样把人类文化演进与生物进化在一条线上推演。这是近代西欧思想从宗教观念转移到人文观念上来的第二系列，这是文艺复兴由灵返肉的精神之"走向历史追溯"，而求得一种理论上的根据之一系列。可惜这一系列，全偏在自然与原始方面，没有真实地在人类长期历史文化的本身上致力研寻。

第三，则是援用近代自然科学之精神与方法，而故意要创造出一种"无灵魂的心理学"，于是产生出生物的、生理的、原始人的、本能的心理学，而忽略了历史的、文化的、人文心理学。这是由灵返肉，把人类从上帝天国拖归自然生物界的又一系列。

第四，则为寻求知识的入世精神，与功利观念，而产生出近代文化中的科学精神，如培根、如笛卡尔。由此以下，提倡有裨人生的追求，征服四围与主宰一切的，以科学知识的最后价值为不在获得纯粹真理，而在获得权力，以真理为权力之票面价格的，这又是近代文化由灵返肉，把向上帝天国的那种无限追求，转落到个人肉体的现实生活上，而形成了一种"个人权力意志的无限向前的自由要求"。于是迫得要在有限的自然和现实人生界，用科学智识来打开一条通路的思想之又一系列。

第五，则是由自然科学之发展，到达十九世纪而形成一种盛极一时的"唯物哲学"。这恰与第一系列，遥遥相对。唯心唯物，同样逃避在超现实的形而上学的圈子里，不过唯心论想把上帝来精神化，而唯物论则老实不客气地竟把自然物质来代替了上帝。

上述思想五系列，大体可以包括近代西欧文化之几条主要理论，和几点主要信仰，而归纳紧凑在三个核心势力上：一是由宗教情绪转变来的一种内心精神之无限追求。一是以肉体生活为主的个人自由。二者并成为近代文化作中心柱石的权力意志，而以科学知识为其运用之主要工具。我们不妨称之为"宗教的"、"人生的"、"科学的"，三位一体。而近代西欧文化之最大缺陷，则在其第二核心势力之所谓"人生"，却偏重在个人的肉体的现世人生，而忽略了历史的、群体的、文化的长期积累的"精神人生"。但此处所谓"精神"，与西欧思想里超越人生属于形而上学的哲学思辨所证成的精神不同。近代西欧文化正因为在这一点上的缺陷，遂使宗教与科学，也不得一个恰好的安排，而上述五大系列的思想之不免偏差处，也全从这一缺陷而引起。而对于这一点即看重"历史文化群体长期人生"之一点，则恰恰正是东方中国文化所专有之特长。

八

本来，文艺复兴未尝不可走上对历史文化的认识之路。然而论到近代西欧文化之主要创造者，则必首推北方的日耳曼民族。

由日耳曼民族来看希腊、罗马史，显然不是内生的而是"外在"的。上帝、历史和自然，同样的是外在。希腊、罗马以来历史文化之演进，并不是日耳曼民族自身内在亲历之经验，而只成为对他们是一种超越自身的客观的自然存在，由此，历史文化只成为一种外来智识，而可资他们一时利用的某一种工具。于是人类的历史文化，也变成一种自然的、唯物的、功利的。

上帝观念已与自然科学不相容，人类自身的历史文化，却又降落而变质成为一种外在的自然。于是近代西欧文化，若非走入唯物论，把人类本身也浸没入自然物质中去，则只有个人肉体现实生活之原始强烈要求。这正为日耳曼新兴民族所内心真实经验者，遂成为近代西欧文化之一切主要源泉。

我们若根据这一观点，来看西方最近兴起的斯拉夫民族，无怪在他们眼光中，来看近代这五六百年来的西欧历史文化，也一样对他们是外在的，一样成为一种"非我的"自然存在，则他们之采用马克思唯物史观，来试求推翻西欧近五六百年来的历史文化传统，实毫不足异。而在他们今日之处境，则只有采用集体的阶级斗争，较之采用陈旧的个人自由，更为有效、更为有力，亦复显然而易见。

而他们却不晓得，在他们内心深处，依然有他们在近代西欧文化中所浸染已深已久的那种权力意志的无限向前无限伸展的要求，在操纵、在指使。因此共产主义终必表现出一种权力的向外的斗争的特性，也就一样的容易明白了。

九

我们再回头来看东方中国文化。它既不是宗教的，又不是自然科学的，亦不是个人主义之肉体的现实生活的。成为现代领导世界文化之三柱石，在中国旧文化里一样也没有。然而这不是中国人没有文化。中国文化则正是侧重在历史的、群体的、文化的、人类生活本身之"内在经验的"。西欧现代文化，要求把个人的无限追求打进有限的自然界和现实人生，这必然要成为悲剧的归趋。中国文化则把历史文化认作无限。只求在有限的个人生活中来表现那无限。

穆勒说，"个人自由应以不侵犯别人自由为限界"，若用中国观念来纠正，应该说："个人只有在投入历史文化群体的长期人生之动进的大道中，而始获得其自由。离却群体长期人生之大道的动进，别无个人自由可言。"因此智识只在获得真理，而不在获得权力。只有"真理始是权力"。而此真理，不在上帝，也不在自然物质界，只在此群体长期人生之动进大道中。但这一个群体长期人生之动进大道中的人生自身，还是一个自然。

因此只有在不违背整个自然界之真理中，求获得人类自身之真理。只有在不违背整个自然界动进之大道中，来获得人类自身之大道。如此则历史文化观念，可与物质自然观念相融通、相协调。这一种融通协调，是整个宇宙与群体长期人生之协调，再从此与整个宇宙相协调之群体长期人生中，来领导个人现实生活之趋向，而指示其规律。这是东方文化精神，这是东方人的宗教信仰，这是东方人的人生观，这是东方人的人文科学精神。这是在另几种核心观念，另几个思想系列中，经过长期演进而形成的东方中国之特有文化。

一〇

西方人不了解东方，也不了解自己，以为只要全世界各地都能接受他们的一套个人自由或阶级斗争，便可世界大同天下一家。而实际则仍是西方人自己更深的一套权力意志之无限伸展的内心要求在后面操纵，这就造成了现代世界不少的悲剧。

今天的东方人不了解西方，同时也不了解自己，以为只要在外皮形式上便可学到西方的那一套个人自由或阶级斗争，而追上了西方，而不知其后果则只在自己内部徒增纷扰，这又造成了现代世界不少的悲剧。

但近代西欧文化里那套崇尚权力的向外斗争的粗浅意识，则终于为东方人所接受、所追随，而东方人自己传统文化之本质与近代西欧文化之相互冲突之点，却不断地在东方人不自觉的意识中，暗暗反抗，因此增强了东方对西方之敌意，而在外面又披上了个人自由与阶级斗争的权力的向外斗争的伪装，作为东方学步西方之必然路程，这更为现代世界造成了不少更深更重的悲剧。

因此摆在现代世界人类面前的最要大问题，是在如何各自作文化反省的工夫，如何相互作文化了解的工夫，如何合力作文化调协与文化新生的工夫。

　　我们不要认为近代领导世界的西欧五六百年来的传统文化，还在欣欣向荣，继长增高。我们不要认为只有个人自由或阶级斗争，才始是人类文化当前惟一的出路。我们不要认为用在战争上的原子弹以及用在生产上的原子能，便可解决一切人类问题，不要认为只有自然科学是指导人类全部文化前进的唯一指南针。我们不要认为人类文化将能回复到西方中古时期的基督教精神，而期望其成为起死回生之神药。我们也不要认为东方文化早已落后，它所内含的一切观念，它所蕴蓄的几点核心思想，将永为未来人类所遗弃，而不复再生。古希腊人的几个观点，岂不已在十四世纪以后的近代欧洲复活吗？

一一

　　但是下一期的世界文化之新生，将是怎样一个间架，怎样一番面目呢？在今天的我们，无法加以具体的描摹。今天我们所能言者，最近的将来，世界人类必然将有一个文化的新生，必然将重来一次新的文艺复兴。

　　让我们姑作一个假说，根据中国人的立场与目光而姑为之假说。以前是由灵返肉；以后可能是"由力返理"。以前是宗教的、精神上的无限追求，个人权力意志的无限伸展，自然科学向外的无限征服；以后可能是"历史的"、"文化的"、"人文科学的"、"天人合一的"长期人生与整个宇宙的"协调"动进。

只要人类内心能转换着他们最核心的几个观念，几条信仰，几种理论与欲望，人类文化不期然而然的能走上一条全新的道路。到那时，个人自由与阶级斗争的对立，自然将无形消散。宗教与自然科学的对立，也自然将各就部位，各对人类新创的人文本位的新文化而继续发展它们应有而能尽的功效。到那时，东西文化各将超越它自己传统，而协调成一种世界的新文化。

然而兹事体大，目前世界人类的文化病已到急切爆发，不可救药的危急当口。而我们在此时期，提出此一观点、此一理论，虽若缓不济急，虽若迂远不切事情，然对人类文化前途，总该有它应有的贡献。尤其在中国人立场，它正当东西对立、美苏对立的文化动荡的大时代的十字路口的冲要之点，实该有它更艰巨更伟大的任务。则在它彷徨无主莫适所从的苦闷心情中，像这样一个想象的远景之提供，似乎应该是更值得的。

（一九五〇年八月《民主评论》二卷四期）

二 孔子与世界文化新生

一

　　文化是人生的综合体。因此要对某一文化加以分析批评，必先注意到那一个文化中所包括人生之各方面；又必注意到此各方面人生之如何配合协调，而始形成为此一文化之整体。研究文化，与研究自然科学不同。文化学之本身，无论如何，总脱不了含有某种价值观念。因此从文化学立场看人生之各方面，应有一种高低轻重的分别。大概言之，任何一种文化人生，必然由三个阶层所凝合。最低的，即最先的，亦是最基本的，第一个文化阶层，是属于物质经济方面的。没有物质生活，没有经济条件，根本无所谓人生，亦无所谓文化。由此发展到第二阶层，则为政治法律、社会礼俗，群体集合之种种规定与习惯。文化是集体的，没有这一阶层，也同样无文化可言。循此再发展，乃有最高的，亦即最后的，最终极的第三阶层；此一阶层，包括宗教、哲学、文学、艺术等项，属于纯精神部门。我们可以说，文化是物质的、集体的、精神的，三部门之融合体。

以上所举，却恰恰没有提到自然科学。照现代人观念，似乎自然科学应该是人类文化中最主要的一项目。但仔细分析，自然科学，就其实际应用方面，影响及于物质经济人生者，早已列入第一阶层。依照文化价值言，此一阶层，消极作用大，积极作用小。换言之，即缺乏的影响大过于富裕。借用经济学上一术语，也可说它有一种"报酬渐减"的趋向。你在电灯光下祷告，或思想、写作、歌唱，并不比在油灯底下更有效、更灵敏、更深刻，或更精妙。质言之，物质生活提高，精神内心生活并不一定相随提高。有时，转因物质经济生活太复杂、太滞重了，反而把人类内心精神生活的境界和造诣降低、冲淡了。这两百年来自然科学之突飞猛晋，转使人类对于宗教、哲学、文学、艺术方面种种启悟，种种成绩，反而逊色了，便是眼前一个极显著的例。就文化第二阶层言，自然科学之贡献，为奴不为主，只是一种工具，不是一种目的。共产主义和资本主义，同样要运用自然科学。侵略的与和平的，也同样要运用自然科学。再就文化第三阶层言，自然科学的智识，必已变质成为一种宗教，或哲学，乃始对于人类文化有深刻切实的影响。哥白尼的天文学，达尔文的生物学，以及十九世纪盛极一时的唯物论，都是在宗教上、哲学上形成了问题，而始影响及于文化之内层的。

近代人观念，都以为自然科学是在追寻宇宙客观的真理。此一观点，实亦大可商。在相对论所谓'四度空间'的另一坐标系之下，由飞翔的鸟群和潜泳的鱼类来看欧几里德几何学，并不见得它是客观的真理。如在蚁群或蜂群中，也出现一个达尔文，必将有另一系统的生物进化论。可见自然科学在整个人类文化价值中衡量，彻头彻尾是工具性的。它既不曾替人类发现了超人类以外的宇宙客观真理，自更未曾替人类发现了人类文化内部本身的真理。它只在人类文化演进中，作一项有力的工具。近代人太过看重了自然科学的地位和价值，这是近代文化一弱点，一病征。这一层言之甚长，此处只稍引其绪，未能细加分剖。

二

我们要衡量一种文化，而批评其利病得失之所在，必要在上文所述的文化三阶层中，求得其核心或领导势力之所在。西洋中古时期，我们可称之为"基督教"的文化。在那时，不仅哲学、文学、艺术，种种精神生活方面，全为宗教所支配，全以基督教为核心，而接受其领导；即政治法律，社会礼俗，第二阶层的一切，也都在基督教领导下，遵循其节制，追随其向往；而第一阶层物质经济生活，则显然处在一种不重要的地位，只求消极性的满足程度之递减，不求积极性的享受程度之递进。这一种文化，不是没有弊病的"富人入天国，如橐驼穿针孔"，它明对物质生活极端轻视。"上帝的事由上帝管，凯撒的事由凯撒管"，它又把政治事业推之门外。把它所蔑视而拒绝的，来由它支配，让它领导，这弊病已够大了。而且人类的精神生活，本由其物质的、集体的生活中孕育而长成；精神生活只该由物质生活、集体生活再提高，但它还是人生中一境界；而基督教的终极理想，则要超越人生。因此不免要蔑视人生，隔绝人生。则宗教之终极目的，无异要超越文化。把超越文化的理想，来领导文化，自然要在文化本身内部发生严重的弊害。

自十四世纪文艺复兴运动之后，现代的西洋文化，渐渐游离了宗教的核心，摆脱了宗教的领导，而产生一个新的核心，新的领导势力；这便是"个人主义"。此所谓个人主义，乃指一切以个人为基点、以个人为中心的一种主义。法国大革命，揭橥"自由、平等、博爱"三口号。此三句口号，仍以个人主义为背景。"民主政治"即在此三句口号上建立演进。少数服从多数，重量不重质，把数字来代替了真理。但数字是一种纯形式的，空洞的，无内容的。三块瓦砾，也可说多过了两粒珍珠。民主政治只问三与二的多少，不问瓦砾与珍珠的贵贱。数字多是珍珠，数字少是瓦砾。这一理论，若非追寻到个人主义的最后根据，是说不出它精要的意义的。

然而个人主义，若非另有一更高的领导，则仍还是空洞的。个人渺小而短促的生命，在此长宙大宇中，在此广大深博的文化机构中，究该如何呢？自由也该有一领导，否则天空地阔，你使用你的自由，究竟向哪一条路前进呢？近代西洋文化，正为在个人主义之上没有一个更高的领导（原来是宗教），于是文化核心，渐渐从第二阶层堕落到第一阶层，从个人主义堕落到物质主义；于是在民主自由的政治中，酝酿出一个资本主义的社会。最先的资本主义，也还以个人主义为核心。此即一种个人意志的无限向前的自由之满足。但渐渐再转移，个人主义却把资本主义作核心了。此即说，个人自由的无限兴趣，大部分都集中在物质与经济生活方面了。于是最近代的西洋文化，遂堕退到以第一阶层为核心，为领导；一切文化中心的前进意义，全集中在物质生活上，全偏倾在经济问题上；于是"唯物史观""共产主义"，遂应运而起。

个人自由是一种哲学，唯物史观与共产主义也是一种哲学。这一种哲学，博得多数人信仰，便成为一种宗教。现代人常讥讽共产主义是一种变相的宗教，试问：法国大革命前后的个人自由与民主政治，何尝不成为当时一种变相的宗教呢？若由此论之，则似人类文化之核心与领导力量，始终在第三阶层，并不在第一、第二阶层了，这亦是人类文化经过相当时期之演进以后所应有的现象。但我们对此解释，仍得作进一步分析。如上文所指，个人主义是空洞的，自由主义也是空洞的，最多不过是在第二阶层中，对政治问题上的一种要求或理论。这一种要求与理论，反映到第三阶层去，形成了一种过分重视个人自由的哲学。外形是第三阶层在领导第二阶层，实际是第二阶层在领导第三阶层。换言之，那种个人自由的哲学，只是一种政治哲学，而非一种超政治的哲学；因此也非一种指导全部人生终极理想的哲学。近代西方哲学，若真以个人自由为核心，为领导，它便没有能超出第二阶层。唯物史观与共产主义，也可说是一种哲学，但它只是一种偏重在物质生活、经济问题上的哲学。它是以第一阶层为立场，而反映出的哲学，更说不上是一种指导全部人生终极理想的哲学。因此，最近代西洋文化的展演，有一部分人，宁愿牺牲民主政治，来完成他们共产主义的理想。这只是由个人经济主义、个人资本主义的中心，转移到集体的经济主义、资本主义的中心而已。在民主政治的初期所逐渐发展出来的资本主义，此即通常所谓"资本主义"，其实只是个人主义的一面相。而由唯物史观的理论所支持的"共产主义"，实际却是真正道地的资本主义，即是抹杀个人主义而纯粹在物质经济上作数字计较的一种主义，而用人类之全体来完成之。这一种主义，却始终没有超出文化的第一阶层。这一种主义，依然重量不重质。八小时的出汗出力，较之三小时的深思奥念，在数字上是八小时胜过了三小时。劳动神圣，便专把时间数字来计算。全部的政治，全部的人生，便专把物质生产来衡量。

若照人类文化演进之真的价值观点，则必须由第一阶层超越到第二阶层，仍须由第二阶层超越到第三阶层。人类文化之理想的核心与其领导力量，必须在第三阶层中产生。第三阶层，虽说是超越了第一、第二阶层，但仍必包含有第一、第二阶层之存在。基督教的弊病，在其超越而不包含，在其排拒蔑弃了第一、第二阶层，而仅求完成其第三阶层之终极向往，成为一种逃俗出世而达到天国的、纯精神的、违背人生现实的向往。理想的精神生活，固应超越物质生活，但仍必包含有物质生活。理想的民主政治，固应超越个人主义，但仍必包含有个人主义，只是在此基础上更高一层。而最近代的唯物史观与共产主义，则既抹杀了个人自由，又抹杀了精神生活，只在纯物质的观点上重量不重质。这一种文化病，却可从近代人偏重自然科学一观念中演变出。我们若找不出它病根所在，是无法加以消除的。

三

现在我们希望世界有一文化新生，第一必希望有一具有世界性的哲学或宗教，来作核心的领导。在人类文化演进过程中，从来没有一项全新的事物，突然出现过。因此，此项新哲学或新宗教之产生，必然仍将在旧文化中有它深厚的渊源。基督教和佛教，在先也曾具备过此种资格；但它们同样因为过猛用力，要求超越第一、第二文化阶层，而连累它在第三阶层中站不稳。它们同样的对于人类文化之整体表现了一种消极而反抗的姿态。回教则因它的创教主同时即是政治领袖，容易使它陷落到第二阶层中，而失却其超越的领导功能。只有中国儒家，它本身不是一个出世的宗教，孔子自身也不是一个领导出世的教主。孔子的教义，虽已超越了第一、第二阶层，但站稳在第三阶层中，一面并没有像一般宗教般对文化整体之消极性与反抗性。他的教义中，显然对第一、第二阶层的文化生活，尽量保留它们在文化整体中所应有之地位；但亦要求它们必须接受一种超越它们的、在文化第三阶层中的精神核心之更高领导。这是我们在希望世界文化新生中很值得提出注意的一件事。

我们要希望有个具有世界性的领导的真理与信仰，

第一，我们必先希望它能超越个体的现实生活，即第一阶层中物质经济生活之束缚。

第二，我们再须希望它能超越群体的现实生活，即第二阶层中政治法律、社会礼俗生活之束缚。

第三，则须希望它能仍在人类文化立场上，回头来领导它所已经超越的群体的政治性、个人的经济性的生活之各方面，好让它们集凑在更高的一个核心，而接受其领导；俾使文化各阶层，得一相互间的融和，而凝成为完好的一整体。

换言之，这一个核心领导，必然是入世的，而非出世的。这一种精神，必然是超越的，而仍然是包含的。这一个真理和信仰，必然是客观的，而同时仍属于人类自身的。

基督教、回教，建筑它们的真理与信仰在超越人类以外之上帝，而提供了一套很具体的想象。这已与近代自然科学之发现相冲突。佛教则即就人类文化本身内部，来拆卸破坏其组织与机构。它虽并没有信仰一个超越人类而外在之上帝，但佛教之终极向往，仍是人类文化之取消，是虚无的涅槃境界，而非人类文化之继续成长与发皇。若论自然科学，则仅能为人类文化成长发皇途中一项重要的工具，它本身并不能领导人类文化走上一特定的积极的趋向。自然科学所发现的真理，对人类文化依然是一种超越而不包含。二加二等于四，也可说它乃超越了人类文化而存在，但也可说它并不包含人类各种文化之实际的存在而存在。因此有人说，纵使没有人类存在的区域，二加二仍然等于四。其实二加二等于四，正由人类文化所发明；只因它并不是人类文化本身内在之真理，而只供人类文化在其前进途中之一种方便与运用。人类文化之本身，则只是人类本身一种实际生活。此种生活之所以称为文化，乃在其超越了各个人、各集体在各地域、各时期之实际生活，而有它客观的存在。我们必将对此客观存在，具备一种价值的即真理的认识与崇敬心情，而产生出在上文所举的文化第三阶层中的一种精神意识来。由于此种精神意识，才始有对人类文化理想之终极目标的向往。非此，则人类文化终不得一个圆满向前的发展。

民初新文化运动以来的中国人，常认近代西洋文化只是民主政治与科学精神。这是一种浅见。民主政治以多数为真理，并不能超越文化第二阶层集体的要求。科学精神所注重的重心，在人类以外之自然界，不在人类生活之本身。它至多是站在人类立场，发现了自然界一些可供人类运用的真理；并非即是人类生活自身内部在其演进上达的过程中所必须具备的真理。像基督教之"博爱"，佛教之"慈悲"，孔子教义中之"仁"，此乃人类生活自身内部在其演进上达的过程中，所必须具备的真理之最易指出的具体实例，但在自然科学中将遍寻不获。只有在注意到人类生活在其自身的演进上达的过程中，才始可能获得此项真理之认识。此即历史文化学之贡献。历史文化学之最高发展，应该超越了各个人、各集体、各地域、各时期，而仍包含此各个人、各集体、各地域、各时期的种种生活之实际存在。此项认识，是超越的，同时又是包含的。这是另一种人类文化的认识。只有中国儒家精神，孔子教义，始终紧握住这一点。

最真实的人生，还是在一切地域、一切时期、一切群体中的各个人的人生。抹杀个人，将无群体。然而人永远还是人，在一切地、一切时、一切群中的一切个人，均有它的相似点。此种相似点即所谓"人性"。在人性中有几项为人类文化演进上达的主要元素而不可或缺的，此即人性中之文化真理。中国儒家谓之"道"，即上文所指基督教之"爱"，佛教之"慈"，孔子教义之"仁"。此乃人类文化中具有真实内容的客观真理。自由是空洞的，并不具有任何内容。照孔子教义说，仁爱慈悲，乃人性中所自有。因此，放任人类自由，可以自然走上这条路。但人性中并非只有此慈悲一项天性。因此放任人类自由，也可违离这条路。必须在人类文化演进上达中，客观的指示出人类这一天性，而加以培养与教育。基督教则把这一天性认为不属于人类自身，而转以属之于上帝。佛教则并不以此一天性为人类文化演进上达之一项主要元素，却认此为达到它理想的涅槃境界之一项方便法门。

四

近代西洋文化，一面高抬个人自由，一面提倡自然科学，但另一面又不能放弃基督教的博爱教义。而在此三项中，并不能提出一个会通合一之所在。这即表现了近代西洋文化之缺陷。于是宗教与科学，演成分道扬镳、齐头并进的形势。其相互间种种冲突，种种矛盾，难于协调，难于融和，这是近代西洋文化内心一大苦痛。自最近西洋文化中另一新支"共产主义"出现，走向极端，把集体阶级斗争来奉为人类文化演进上达唯一主要的因素，把仇恨代替爱，把马克斯代替耶稣；而自然科学则一样俯首听命，供其运用。虽西方人亦有明知抹杀个性、抹杀仁爱，以仇恨与斗争为核心领导，对人类文化前途是一条危险的死路；但他们目下所现有的那种以耶教博爱、个人自由与科学精神所形成的鼎足三分的旧文化，却实感有招架无力之弱势。于是只有依赖原子弹，以杀胜杀。或是依赖物质经济之借贷与贿赂，希能收买信仰，换取思想。这是近代西洋文化内心的更大苦痛。

至于孔子教义，不仅不放弃人性中的仁爱，而且也并不曾否认人心中有仇恨；乃至人性中所有一切动向，在孔子教义中，均不想施以藐视与鄙弃，只求在人性中指点出"仁爱"一项来，特别加以培养与教育，作为人生之核心领导。只求其他人性动向，在此核心领导下，得到融和协调的发皇。这一种发皇，既无背于基督教的博爱精神，也无背于近代西洋的民主政治与个人自由，自然科学也一样可以听他的支配与运用。至于这一种超越性的人类文化展演途中所必具的客观内在真理，又如何来把握与认取呢？此在孔子教义中，有一极真切极简易的方法：

一切地、一切时、一切群中的一切个人，只要能反就己身，认识自性，把来与历史文化的客观存在相印证，相对照，即可相悦而解，莫逆于心。因此，孔子教义中的客观真理，并不抹杀个人，也不抹杀自然。这一种超越性的文化真理，其自身即建基在自然的人性上。你既把握到这一真理而真切认识之，你将自见其超越，你将自然有一种崇敬的心情油然而生；你自将宁愿牺牲小我个人，来向往此一真理而奔赴；自将宁肯牺牲小我个人，来求这一真理之实现与完成。孔子教义中这一精神，实是地道十足，不折不扣的宗教精神。因此，在孔子教义所形成的中国文化里，可以不需别一宗教，也可以容纳任何一宗教。只在不蔑弃不排拒第一、第二阶层中的人生条件下，而容纳各种宗教之共同精神，即是一种牺牲救世的精神，即是发源人类于天性中的一种仁爱慈悲的精神。

在孔子教义领导下所形成的中国文化，自然也不免有许多可能有的缺陷，因此也不免有堕退与逆转的时期。这是任何一类型的人类文化所不可避免的本身内含的弱点。正因有此弱点，才有待于一切时地、一切人群中之一切个人之不断的努力。近代中国，则正当本身文化走上了一个堕退逆转的途程中。在它与近代西洋文化相接触时，尤其相形见绌的，则在中国文化没有像近代西洋那种为人类文化最有效用的工具，即自然科学之发明。然而这决非文化本身内部的致命伤。近代的中国人，误认为非彻底破坏自有文化传统，将难接受到自然科学。于是破坏了身体来改穿衣服，破坏了胃肠来改进饮食。然而中国民族，是世界现存人类中最能保留历史，尊重历史，来从历史中求取文化客观真理的一民族。中国文化，是最能注意到把文化三阶层来调和统一，由超越一二阶层而同时包含一二阶层的第三阶层的精神生活来作全体核心领导的一文化。中国文化之被误解，被忽视，必将成为期求当前世界文化新生的一个大损害。若本文上述文化理论，有它不可破灭的见到处，则孔子教义，仍将为后起的世界文化新生运动中，求在人类历史本身内部觅取文化真理者，唯一最可宝贵的教义。中国文化与孔子教义，决然将对此大业有很重大很可宝贵的启示与贡献。因此特在二千五百零一年的孔子诞辰，撰述斯篇，以待中国及并世有心此文化新生大业者，作为一参考。

（一九五〇年九月香港《民主评论》二卷五期）

三　人类新文化与新科学

一

这几十年来，世界人类经历两次大战，又接连着第三次大战之似乎不可避免之威胁。若我们认为这是当前人类文化本身内部所犯偏差与病痛之襮露，与其应有的必然之后果，则最近将来，我们应该希望有一种人类"新文化"之出现。

近两百年来的世界文化，我们此刻不妨称之为"旧文化"。此种旧文化，较之人类以前之更旧文化言，亦即是一种新文化。此种新文化，即我们目前之文化，在不远将来便将被目为旧文化者，其与以前人类更旧文化之分别，正为其有一切科学之发明。然今天的人类文化，并不纯粹由科学所主持、所领导。真正主持领导此两百年人类文化之主要精神，还是宗教与哲学，而科学则只是其工具与奴仆。因此科学对于当前人类文化之功罪，实不在其本身，而应在其主持领导者。将来的人类"新文化"，应该有一种"新科学"与之相应，而此种新科学，仍将为接受人文精神所主持领导之科学。不仅属于人文科学者为然，即属于自然科学者亦莫不然。此后人类新文化领域中之科学内容，既将与此两百年来之科学内容，在其重点上有所变动，而牵连及于其方法之扩大与改进。今试姑作预测，约略指陈，以待此后之证验。

将来的新科学，其着重点：

第一，将为"天文学"。此刻的科学，最要基点，安放在数学与物理学，其重要意义在于"利用厚生"，换言之，是乃"功利的"。将来的新科学，数理将成次要，人类将积极运用数理智识来发展天文学，俾能更了解宇宙之真相。其重要意义在于"通德类情"，换言之，则是"求真的"。而目前之宗教神学与哲学中形上学之一部分，均将为此新天文学所替代。

第二，新科学所着重者将为"生物学"。此项生物学，直从化学开始，而达于人类学。天地之大德曰生，人类亦还是生物之一支，明了一切生物，将借以明了生命之究竟真相，而因此更进一步明了人类之自身。不明了人类自身，而空将旧传统里的宗教与哲学形上学作领导，又增添科学新利器，则如盲人骑瞎马，危险将不堪言喻。

第三，新科学所着重者将为"心理学"。此处所指之心理学，与目前一般所谓心理学者不同。目前一般所谓心理学，则应归入生物学范围。此种心理，仅为生物进展中之一种工具，大半还是物理学与生物学所研讨之现象。而我所想象之人类将来新科学中之新心理学，则为一种超级心理学，即"人文心理学"，或可说是纯心理学，将确然自成一种"心灵科学"。将从道德心理与艺术心理开始，而直闯进通灵学鬼神学的神秘之门。而与天文学、生物学相会通。

二

此上所述新科学中三种领导性的科学，实际早在前此两百年内之旧科学中已经培植有相当地位，发现有相当成绩。哥白尼的"地动说"，达尔文的"生物进化论"，已曾对人类智识发生了大刺戟，大影响。最近在心理学上所谓"潜意识"与"精神分析"，又是人类心理秘密一大发现。但此三种学问，实则仅在发轫时代，还未达到能真正指导人生之程度与功用。

哥白尼地动说，打破了地球中心的迷梦观念，因而摇动了上帝创世的旧信仰。但地球在天文学中的地位降低了，而人类在地球上的地位，换言之，即人类在宇宙间的地位，却反而提高了。这真是扶得醉人东来西又倒，譬如二五之与一十，近代新天文学智识之突飞猛进，仍未彻底洗刷尽人类为宇宙中心，为宇宙骄子，甚至为宇宙主宰之狂妄观念。由宗教神学脱胎而来的唯心论形而上学，反而把人类地位直捷代替了上帝。以后的新科学，必将对宇宙真相更益披露。宇宙之伟大，必可反映出"人类之渺小"，激发出人类之"谦卑"心情，来抽换今天人类之骄矜与狂放。这是此后人类新文化必然应有的人类内心转变之第一标指。

达尔文生物进化论，却与哥白尼天文学发现，获得了相反的结果，人类并非上帝特意创造，人类实从其他低级动物逐步变成，于是人类归入了动物系列中，成为一高级的动物。仅从生物学来看人类，忽略了从人类之本身来看人类。只看重人类之起源，而忽略了人类在其历史文化演进中之所已到达与所将到达之一切。以兽性来解释人性，把人性屈抑在兽性中。物竞天择，优胜劣败，强者为刀俎，弱者为鱼肉。物理化学机械工业，种种发明利用，助长了这一潮流。此两百年来之科学智识，求真之底里，实际在"求用"。科学只增进了生命的工具，并未给与生命以更深更大的意义。此两百年来之人类新文化，抬高兽性，迷失人性，科学智识犹如为虎添翼。人类所居住生息之地球，其在宇宙间之地位尽管渺小，而人类在此蜗牛角尖端所演出的蛮触之争，却反而更起劲。资本侵略，帝国殖民，共产极权，阶级斗争，波涛起叠，无非是人类兽性之尽情发泄。

天文学告诉我们，人类在整个宇宙中是如何般渺小；生物学告诉我们，人类在其整段的诞生以及长大的历史过程中是如何般卑劣，这都是铁一般的事实。然而人类毕竟有人类目前自身应有之地位，人类文化毕竟有此种文化内在应有之意义与价值，此一问题，自经近代科学天文、生物智识之发现，已非旧传宗教信仰以及由随时之需要而冥思玄想所构成的形而上学之所能解答。然而今天人类所硕果仅存之些微自尊心，及其对文化前途之些微期望心，则依然不得不仍寄托在宗教信仰与形而上学之玄想中。新科学之实证的发现，既非旧有的宗教信仰与形上学之玄想所能控勒驾驭，则人类生命失却了指导中心，于是最近几十年来"唯生主义"与"唯物主义"，乘机崛起，弥漫一世。科学价值，最多仅止于"化物成能"。人类文化，最多亦仅止于各凭物力"互争长雄"。而其所争，亦终不出"物"与"力"之阈域。用物多，拥力强，是为胜利；用物少，拥力弱，则为失败。科学真理，不啻如狮虎之爪牙。人生薪求，仅等于鸡鹜之营逐。人类不能即此安顿自己之内心，于是仍不免逃进宗教信仰与形上学之玄想中，来求自慰自欺。而宗教与形上学，又终于不能再支配人生，再作人生之领导。此乃两百年来人类文化之真病痛，而当前之人类浩劫，亦由此起。

三

若要为人类文化寻觅一新出路，应该着眼在我上文所指新的心理学即"人文心理学"之探讨。此两百年来，物质科学、生命科学确已有其不可磨灭之成绩，而"心灵科学"则显见落后。天文学告诉我们以人类之真实环境，生物学告诉我们以人类之真实渊源，然此等所昭示，皆仅属人类之外围，与人类之前身，而非人类之本体与本质。此种涉及人类"本体"与"本质"之真实意义与真实价值，则有待于心灵科学之继续抉发。而不幸此两百年来之科学界，只有心理学特别落伍，实在不副我们之想望。今天的心理学，最多仅是生物学之一旁支。心的地位，仍像是身的奴役。心灵仍像是生命之工具，而生命则为人兽之所共。一样的主人，不过有了两样的仆役，人生终于跳不出其成为一兽生。科学智识之探检，仅止于向外寻索，向前追溯，离题愈远，失真愈甚。我们当知不论为宗教，为哲学，为科学，一切都是人类心灵功能之表现。苟不能在心灵科学上有一深湛之探究，与显明之揭露，则宗教信仰，哲学玄想，以及科学发明，仍将如上指述，群龙无首，百怪惶惑，相互炫耀，而永远斗接不拢，人类则将永远在迷惘中，盲目前进。

我所想象的新心理学，所谓人文心理学者，将以示别于以往两百年来之旧心理学，而姑称之为"超心理学"。须求其超越动物心理，与原人心理，而着眼在人文演进以后之"历史心理"与"文化心理"。要将对此种心灵功能之探索，亦成为一种实证的科学，应该使此种心灵现象，在历史与文化之真实演进中指出其客观化、普遍化之具体事状与真实意义。应该从人类行为上来研讨人类心理，应该使人类心理有一具体客观研讨之对象，而确然可供科学方法之借手。而此所谓人类行为，亦不像此刻西方行为派心理学者之所注意。此派行为心理学者之注意点，仍偏重在个人行为上。若抽离历史文化之长期演进与整体薪向，而仅从个人行为着眼，则人生仍还是兽生之变相，心理仍还是生理之旁支。此后之研究，则该放远放大，注意"全体"人类之历史行为，此即所谓"文化"者是。此种心理学则称之为"人文心理学"。我们亦只有从全体人类之文化演进中，从人文心理之客观研讨中，才能具体指出人类心灵之普遍本质及其内在意义。

此所指述之人类历史行为，其注重点，并不仅在普通历史上一切政治、法律、经济等之人事措施，而更该侧重在人类自有文化以来之"道德"与"艺术"之诞生与演进。政治、法律、经济一切人事措施，最多仍是人生之手段与技巧，够不上说人生之实质与本身。真实人生之最高表现，就其在目前之所到达，则不得不推道德与艺术。即将来的人生理想所能到达之最高点，亦仍将在道德与艺术之范围内。道德属于"善"，艺术属于"美"。此两百年来新科学之所探求与获得者，则仅偏于"真"，抑且仅偏于自然界之真，而忽略了善与美。在我则认为"只有善与美才始是人文界之真"。退一步说，亦不能不承认善与美乃始是理想中之"真人生"。

今既忽略摒弃了人生之善与美，于是此两百年来所谓新科学之探求所得，就人文立场言，实际乃似真而并不真。最多亦只是人生以外之真，而不属于人生本身之真。于是人生堕落，与一切生物为伍，人类学成为生物学一旁支，心理学成为生理学一旁支，而历史文化学，亦宜乎要变成唯物史观与阶级斗争。经济资产，则变成为人类文化史之唯一主干唯一中心。全部人类文化史，将下侪于群狗争骨。一应历史上政治、法律、经济之种种措施，乃及此两百年来新科学之种种发明，亦不过群狗争骨之方式不同，技巧不同之花样繁变。试问此种所谓真者，果真乎不真？

马克思唯物史观所竭力排斥者，正为宗教信仰与哲学中形而上学之玄想。其所凭借依据，则自谓乃此两百年来之物理学生物学所谓新科学智识之种种发现。群狗争骨，已得者为资本主义，未得而欲得者则为共产主义。阶级斗争之对象，仅为财产，为一切物质生活条件。而自由主义所拥护者，则除财产与一切物质生活条件外，另有所谓思想之自由。然思想自由之主要内容，则仍不出宗教信仰与哲学玄想之范围。道德与艺术，善与美，仅成为宗教与哲学中之附庸，为其次要之一项目。游离了人类本心之内在要求，而求一超越人生的善与美之根据，则亦惟有凭借宗教信仰与哲学玄想可为其最后的壁垒。在我所想象中之人类新文化之下一幕的大体面貌，则应该抬高道德之善与艺术之美，来作为人类文化之最高主持与领导。一切政治、法律、经济种种措施，应该为求到达人生之善与美，而尽其为一种工具与技巧之本职。至于善与美之真实根据，则在人类心灵之内在要求，而不在宗教与哲学所信仰所指证之外在超越之无何有之乡。

此种人类心灵内在要求之逐渐进化，而到达期向于善与美之领域，仍可建基于此两百年来之新科学之已有方法与成绩之继续扩大与改进，而获得其证明。上文所举近代心理学中关于"潜意识"之理论，实可为人类道德心理与艺术心理指示一研求阐释之方向与途辙。

近代心理学家所指出之潜意识，实不仅起原于人类有生之后，而实当更远推溯及于人类未生之前。远至自有人类，乃至自有生物以来之"感知作用"之逐步演变，逐步进化，而始有此种超级心理，即如上述之道德艺术心理，所谓人文心理，即乃人类心灵之透露。

四

如上所述，此后之新科学，应分为三级递升之形态：

一、物质科学，包括天文学、地质学、物理学、数学之类。

二、生命科学，包括生物学、心理学之类。

三、心灵科学，包括道德学、艺术学、历史文化学之类。

第一第二级物质科学与生命科学，其能事仅在"求真"，抑且仅在求"人生外围"之真。惟第三级心灵科学，此始为将来理想的新科学中之最高级，其能事乃为求"人生本身"之真、之善、之美之学，而为此两百年来科学探讨之未所遑及者，乃不得不以宗教信仰与哲学形上学之玄想来暂任其乏。

于是我将继续说到中国传统里的学术思想。中国无疑地在此最近两百年来，在所谓西方新科学界的成就，是瞠乎其后的。但中国也无疑地有它四五千年来的传统文化。但又无疑地如上文所述，像西方般的宗教信仰以及哲学中形而上学之玄想方面，中国依然无成就可言。然而中国文化实不能说其一无成就。

中国文化之成就，正在其"道德"与"艺术"方面。道德与艺术，实为中国历史文化之中心指导。若使没有中国的道德与艺术，亦将没有中国的政治和法律和经济的一切措施，亦将无历史，无文化。则试问又何从来此绵历四五千年之伟大民族，与强韧不辍的伟大历史进程？

中国文化中道德与艺术之实际造诣，及其理论根据，则并不在宗教信仰，亦不在哲学玄想，而乃建基于中国思想中之所谓"人性"一观点之上。中国思想中之所谓人性，却正合于我上文所指，人类心灵经历长时期文化陶冶以后所积累在其心坎深处的一种"潜意识"之自然流露。

由此论之，中国人在科学上，实非无成就。其所成就者，却早超过了第一第二级，而直透进第三级，如我上文所谓"人文心理学"，即"心灵科学"之阈域。惟其有此成就，故如西方人之宗教信仰以及哲学玄想，皆不为中国人所重。

至于近代西方两百年来的科学，其目的蕲向，尚仅限于第一级第二级，所谓物质科学、生命科学之范围。因于双方注意研讨的对象之不同，牵连及于方法之不同。而不了解科学之真精神与意义者，遂亦不能相信中国传统学术之确有其科学上之地位，此即在一种理想的超心理学心灵科学上之地位。在此地位中，同为有甚深造诣者，则为印度之佛学。

惟佛学对于人生实际，则太偏于悲观消极。仅从平面的社会着眼，不能从有深度的历史着眼。因此仅能为分析的破坏，而不能为综合的建树。而其传入中国以后，经过中国人一番调整、洗炼，而产生了中国化的"新佛学"，其登峰造极者，为隋、唐以下之天台、禅、贤首三宗，而尤以禅宗为魁极。此虽于中国传统文化中之道德精神，仅触及其反面与旁面，而就艺术精神论，则禅宗影响至深且巨。又经宋明儒之再度调整，再度洗炼，而印度佛学乃及隋唐台、禅、贤诸宗对人类心灵方面之一切创悟，一切慧解，又重新融化入中国自己传统的道德精神之内，而发挥出许多甚深妙义，及极精微的修养方法，为中国在先秦及两汉诸儒所未逮。

五

最近将来之人类新文化，我一向认为当由中西双方之文化交流中产出。

将来人类新文化之"最高企向"，就其鞭辟近里言，就其平实真切言，决然为"道德的"、"艺术的"，而非宗教的与哲学的。

道德与艺术，本身即是人生之实体。而宗教与哲学，则终不免与真实人生隔膜一层。而道德与艺术之根本渊源，则应直从"人心内在要求"中觅取，不应在超越人生之虚无境界如宗教与形上学之所提示。而此种觅取，则有待于一种实事求是之科学精神与科学方法。

此种科学，属于人文界，尤其属于心灵界。不属于自然界、物质界，乃至自有人类文化历史以前之生物界。因此其探究方法，亦显然将与前两种科学有别。而中国人在此方面，则早已有甚深极大之贡献。

至于人类心灵，以及文化历史演出之真实根源，则远从生物界之长期递变而来。更远递溯，可以与宇宙精神相近合，此义亦唯在中国传统思想中透露其端倪。

若论此道德艺术之充实流露于具体人生，而为政治、法律、经济种种人事措施之最高主持与领导者，在中国传统文化中，已有"礼""乐"两观念之建立与发挥。故就此点言，在中国传统文化传统思想中，实已有直上直下，贯彻天人之成熟意见与具体方案。

惟深细推阐，则此中义趣甚深，殊非此篇短文所能包举。此姑悬揭大旨，凡关心世界人类文化之前途，苟其不愿仅止于此两百年来物质科学与生命科学之领域，苟其不愿为此数十年来唯物论与唯生论之偏见所拘限，而又不愿一跃而仍然躲进两百年前唯神论之门墙，又不愿以纯思辨的形上学玄想所谓唯心论哲学之言辨演绎为满足，而于人类文化实际人生中之道德与艺术两项，有所蕲向，有所努力，以求消解此唯物唯生之狂澜，而挽回人类之浩劫者，将不河汉于吾言。

苟使对此东方文化古国传统思想中之"人性观点"，及其对于"道德"与"艺术"之实际修养与实际造诣，有所了悟，则三十年五十年之后，必有知吾言之断非无端而妄发矣。

（一九五一年六月《民主评论》二卷二十三期，原题名为《人类新文化之展望》。）

四　中国文化与人权思想

一

　　"人权"一词译自西方，中国无此语。然最知人权大义，最尊重人权者，则惟中国传统文化为然。并世其他民族难与伦比。

　　姑举一例为证。中国自黄帝以来，即已明确成立一民族国家。一民族，一国家；一国家，一民族。道一风同，向心凝结。五帝、三王以下，土日扩，民日聚，而其为一广土众民大一统的民族国家，则无变。秦汉以下，易封建为郡县，而其为一广土众民大一统的民族国家，则仍无变。迄今并世各民族、各国家，谁与相比。苟非尊尚人权，又曷克臻此。

　　《大学》言："修身、齐家、治国、平天下。"身不修，即家不齐；家不齐，即国不治；国不治，即天下不平。此四者，层累而上，本末一贯，而以"修身"为之本。

修身由"己"不由人，此即中国人之言"人权"。一家之人尽能修其身，斯其一家齐；一国之人尽能修其身，斯其一国治；天下之人尽能修其身，则天下自平。无他道矣。

何以修身？《大学》三纲领即言其道曰："在明明德，在亲民，在止于至善。""明德"者，备于身而自明。明其明德，如孝如弟，如忠如信，则自能亲民。如夫妇相亲，父母亲子女，子女亲父母，又兄弟姊妹相亲，则家自齐。所谓家齐，乃其阖家之人，人人有明德，人各自明其明德而相亲，斯之谓家齐。非有一法律临其上而制之使齐。

人有明德，斯能相感。父慈可感子使孝，子孝亦能感父使慈。相亲斯能相感，相感则更能相亲。人之相处，能各以其德"相亲相感"，斯即"至善"。人生亦惟求能止于此至善而已，而更复何求乎？

齐家如是，治国平天下亦如是。人人自能之，而又必待人人之自能之，非可从外从旁有强力以使之然，此即中国人对人权之认识。

二

中国人不言人权，而言"人道"。

"道"本于"人心"，非由外力，此始是自由，始是平等。"权"即是一种"力"，力交力必相争。力与争则决非中国人之所谓道。中国俗语云"力争上流"，亦指"修身"言。彼人也，我亦人也，彼能是，我乌为不能是？希圣希贤，此即力争上流，而岂与人相争乎！

《大学》八条目在修身、齐家、治国、平天下之前，尚有"格物、致知、诚意、正心"四条目。

"物"字古义，乃射者所立之位。射有不得，则"反求之己"，此之谓"格物"。射不中的，非目的不当，亦非射者之地位不当，乃射"艺"有不当。家不齐，非家人之不当；国不治，亦非国人之不当；天下不平，亦非天下人之不当。乃齐之、治之、平之者之"自身之道"有不当。过不在人，而在己。不能以己志不得归罪他人。此尤中国人尊尚人权之大义所在。

故格物斯能致知，必先知有此规矩不能逾越，乃能反而求己，求方法上之改进，而一切正当知识遂从而产生。故孝子不能先求改造父母，所谓天下无不是的父母是也。即向各自之父母而善尽我孝，此之谓人道。吾道所在即对方人权之所在。岂背弃父母不加理会，即显出我之人权乎？

换言之，必在"人有权，我斯有道"。既人各有一分不可侵犯之权，则拟必有一套和平广大可安可久之道以相处而共存。其与高唱人权相争不已，高下得失亦不待言可知矣。

周武王伐纣，战于牧野。纣之众皆反戈。彼辈亦知纣之为君无道，武王始合君道，叛殷而服周，此亦纣众之人权。自古不闻以纣众之反戈为非者。然伯夷叔齐则以武王不当伐纣，扣马而谏，武王谓其"义士"而释之。然周有天下，伯夷叔齐耻食周粟，饿死首阳之山。伯夷先曾以不违父志，让国出亡。其弟叔齐亦不欲凌其兄而居君位，遂亦让国偕行。两人皆以孝弟修身而让国，又岂能同意武王之出兵争天下。然后世皆崇奉周武王，不闻以其革命为非。而孔子称伯夷为"古之贤人"，孟子尊伯夷为"圣人"，是何义耶？

人生必有群。君者，群也。有"群"则必有"君"。故尊君亦爱群一大义。君有一时之善恶，而"君臣""上下"，乃千古之大防。伯夷之存心，亦惟此千古人群之"大防"。故孔子称伯夷"求仁而得仁"，与周武王之吊民伐罪同得称为"仁"。

当孔子之时，君道已久不行。孔子虽尊伯夷，而亦未效伯夷之隐遁饿死。孟子称伯夷"圣之清"，仅为圣人之一格。孔子为"圣之时"，乃为集圣人之"大成"。而周武王与伯夷与孔子，乃同为中国古代之圣人。要之，自尽其心，自明其明德，自修其身，自行其道及其至，虽事业有大小，地位有高下，而同得为圣人。由此亦可觇中国文化传统之大义深旨所在矣。

三

中国古人又以"经""权"并称。"经"者，常道。然道虽常而必有变，衡量其是非、利害、得失、大小、轻重而为变者，称为"权"。故经必有权，而权必合经。变之与常，是一非二。

多数人惟当"守经守常"，惟具大智慧有大见识之少数人，乃能"通权达变"。孔子之为学，"述而不作，信而好古"。历史经验，此乃人道守经守常之所本。然孔子又曰："人不知而不愠。"

又曰："知我者其天乎！"此乃孔子之随于时代而通权达变处，岂尽人之所知。

孔子"十有五而志于学，三十而立，四十而不惑"，此乃其为学之守经守常阶段。及于"五十而知天命"，乃其为学之上跻于通变之阶段，又岂人人之所能企乎！

故孔子又曰："弟子入则孝，出则弟，谨而信，泛爱众，而亲仁。"此乃多数人所当守。又曰："殷因于夏礼，所损益可知也。周因于殷礼，所损益可知也。其或继周者，虽百世可知也。"此则少数人始能知，断非多数人事。

知识不平等，亦可谓即是人权不平等。然人权终有一平等处，则即是"修身"。

修身有高下，人各不同，但亦有一平等处，即是人人对人当知有所"尊"有所"亲"。

果使人人知修身，则人之在大群中，亦必各得有尊之亲之者。而治平大道亦尽是矣。

四

西方言"人权"，主要乃为多数人言。人人有权，各自平等，各有自由，遇有争端，惟赖法律为解决。然法律不教人有尊，不教人有亲，仅保卫各人之权利，禁人之为非作恶而已。中国人言"道"，则主在教人知所尊，知所亲。此"尊"与"亲"之两种心情，最是人权基本所在。果一付之法律，法律岂能强人孰尊而孰亲。重法而轻道，则人权终不立。

《大学》一书，在中国成为一部人人必读书，已逾六七百年之久。《大学》言修身，乃教人在大群中如何做一"人"。西方注意教育普及，乃正名为国民教育，其意在教人在某一国之政府下如何做一"公民"。教人在人群中做一人，与教人在某一政府下做一公民，此两者意义价值大不同。

在上者既要求民众在其政府下做为一公民，斯在下之民众势必要求对此政府有预闻之权。此一要求，乃成为近代"民主政治"之理论根据。而政治遂成为多数人之事。

《大学》又言，"自天子以至于庶人，一是皆以修身为本"，则依中国之道言。多数人欲预闻政治，仍必先自修身。

孙中山先生根据中国自己文化传统，乃有"权在民，而能在政"之辨。民众有权要求政府用人，选贤与能。政府不贤能，决不能久安于位，此即"民权"。然选贤与能，则非多数民众之所能。其事仍当由政府少数"贤能"者任之。

中山先生乃于五权宪法中特设一考试权，不仅被选举人当经考试，即选举人亦当先经考试，此始有符中国传统文化之深义。

抑且在人群中做一人，必当知有尊、知有亲，必当知谦虚、知退让，必当知与人和不与人争之大义。

果使稍受中国文化传统修身大教之陶冶，而使其人出头露面，在街头大众前，自夸己长，指摘人短，以博取多数之选票，则必耻此而不为矣。

果使西方民主政治结党竞选之风气普遍流行于吾国，则国人向来所受修身大教，主"谦"主"让"、主"退"不主进、主"和"不主争之群认为人生美德者，势必沦胥以尽。而伯夷之清，柳下惠之和，虽其德性修养已臻于圣之境地，亦不得预于竞选之林。即以伊尹之任，亦当随时代潮流而变其风格。至如孔子之时，则不知对今日之民众竞选将具何意见，抱何态度？

要之，当前之所谓民主政治，一切矩范，在西方，不在中国。则身为中国人，惟有作东施之效颦，邯郸之学步，亦复何人权之可言乎！

五

文化传统本有相异。西方政教分，宗教信仰独尊耶稣、上帝，不尚多数。西方政学亦分，学术各部门科学、哲学、文学等，各有专门，各有权威亦不尚多数。惟近代民主政治则转而尚多数。每一事之是非从违，即从举手与投票之多数而定。其言人权，亦指政治言。

中国文化传统则政教合，政学亦合。未闻不受教、不向学，无知无识，亦得与闻政事者。不先修身，焉得问政？

西方人"主分"，故于人事中，政治亦独立分出为一项。中国人"主合"，则政治亦只视为人事中一项。政治领袖，与社会平民职位有高下，而其为人大道则仍合一不分。惟当一政治领袖，其权大。所谓权，乃其通时达变之权。故为一庶人，能守经守常即可。为一政治领袖，通时达变，须具大智慧、大见识、大修养、大决断，庶可任之。

中国历史上，历代帝王能胜任愉快者，实不多。犹赖有政府中其他文武百官，辅之弼之，承之翼之，以共维此大业。但犹治乱相乘，不易见常治久安之局。一部二十五史，言之非不详。而岂"帝王专制政权"之六字，所能恰当表达乎！

今吾国人，又奈何不重视吾五千年相传民族国家之"民族权"与"国权"。五千年来，凡吾国人所能组织成此一广土众民大一统之民族国家，以绵延长久而不坏，其所经营，岂能不闻不问，而仅曰，"我有人权，我亦得预闻国事"。乃不惜酿乱以相争。则国人必曰，西方进步，我岂能故步自封，常此守旧而不前。则试问，西方之进步又何在？

自第一次第二次世界大战以来，西方实在退步中。美苏对立，岂即英法之进步。两次大战后，不知警惕，不加谨慎，大战之再起，又岂即是美苏之进步？今日美国总统以"人权"二字来呼喝，苏联人则以整军经武为对美国争"国权"之惟一上策。苟无国权，又何有人权？人权乎！人权乎！其终将以何辞作解答？窃恐在西方亦未有一定论。我国人追随其后，恐终亦望尘而莫及耳。

六

兹当遵依中国文化传统来试释西方所言之人权。窃谓"人权"当不属于分别之个人，而当存在于和合之"群体"中。人之处群，必有其道，必当有所尊，有所亲。

人生来自父母，中国人提倡孝道，为子女者必当对其父母知亲知尊。斯则为父母者，必各得其受尊受亲之地位，此可谓天赋之"自然人权"。

人之处群，所当尊亲者，不只属于父母。推此知有尊、知有亲之心情，以修之身，而见于行，斯其人亦必受人之尊亲。此可谓乃经文化陶冶之"人文人权"。

由此道，而使人群成为一"相尊相亲"之人群，亦为一"可尊可亲"之人群。国治而天下平，即在是矣。

西方人重个人主义，乃谓人权分属个人，争富争强，自尊自亲。近代西方国家之帝国主义，乃至其社会之资本主义，胥由此根源来。

但耶稣言，"富人入天国，如橐驼钻针孔"，是耶稣不教争富。又曰，"凯撒事凯撒管"。上帝不管凯撒事，则凯撒当非可尊可亲。是耶稣不教人争强。惟西方"政""教"分，故在政始言"人权"，在宗教则不言。人生与罪恶俱来，岂有权争入天国？

中国孔子之教，与耶稣又不同。

孔子"五十而知天命，六十而耳顺"。所闻人之一言一行，入于耳而皆顺。盖孔子至是始知，凡属人，皆有一分"天命"在其身。故皆可尊、皆可亲。惟当有所教导感化，以使归于正。故能所闻不逆也。至"七十则从心所欲不逾矩"，此心能对人知尊知亲，而能达其极，斯我心自无不是，乃可从其所欲而不逾矩矣。若使对人不知亲不知尊，斯其人即不足尊不足亲。此乃中国文化要旨。

惟耶稣则教人对上帝当知尊知亲而已。至今日之言人权者，除其小己个人外，果谁当尊谁当亲乎？如谓惟当各别自尊其个人之地位自亲其个人之利益。而人与人之间，既互不相尊，亦互不相亲，则所谓人权亦仅一"法律"名辞而已。

若谓法律可以齐家，可以治国，可以平天下，则除上帝外谁能来制定此法律？

故中国人向不重法，而一切最后则归之于天命。"天命"则犹人生中最高最大之法律。然谁知此天命？则仍贵由"少数"以达于"多数"。中国教人，惟教多数亲少数，尊少数。而岂尊个人各自之人权乎！

七

近日国人亦组织一"人权协会"方欲广征论文。主其事者，杭立武先生来函，谓欲教大陆民众争人权，必当结合中国文化传统，扎根于中国固有思想，始克有功。此语诚可发人深省。不辞谫陋，姑撰此文以应。然亦粗陈崖略，至于继此以往，则千头万绪，引申无穷。

然果使吾国人能对此五千年炎黄以来，历祖历宗，所艰难缔造之民族国家历史文化传统，古圣先贤之嘉言懿行，知所尊、知所亲，则道在迩，不烦求之远。中国人权即可由此而得矣。
敬以此质之杭君，其以为然否！

（一九八一年元月中国人权协会邀稿原题名《中国文化传统
与人权》）

五 中国文化演进之三大阶程及其未来之演进

中国文化演进已历五千年之久，为并世其他民族所莫及。其演进可分三大阶程。

人生必有群，群中又有多、少数之异同。多数、少数，皆属重要。贵能密切相关，融成一体。此讲中国文化演进三阶程，即就此着眼，加以讨论。

一

中国为一氏族社会，氏族即成为群。在此群中，可分两大统。姓从女，乃"血统"。氏从男，主要以职业分。政治更其大者，是为"政统"。

远古不论，姑从唐、虞始。唐以世事陶业名。尧为帝，当为陶唐氏之酋长或代表。其他氏族，同尊之为共主，此即所谓"天子"。在尧之政府中，亦有其他氏族参加，故尧之政府，遂为当时中国社会其他氏族一共同之领袖与代表。

虞亦一氏族，应是掌管山泽禽兽。而此氏族中出一舜，以大孝名。闻于尧，以二女妻之，深探其究竟，而熟察其为人立行之详。时适洪水为灾，尧无法治理，乃擢用舜，加以重任，舜乃黜当时治水之臣鲧。鲧之族，当亦以治水为职。乃续用其子禹。治水有效，但水灾尚未息。而尧则既老，乃不传天子位于子而传于舜。然尧子丹朱，虽不肖，当仍得保留一职位。

舜既为帝，乃封其弟象于有庳，可见舜亦一氏族，故其弟乃得封。而治水大功，既定于禹，舜之老，乃亦禅位于禹。而舜子商均，当亦保有一职位。是则"尧、舜禅让"，虽为中国后世尊崇，认为政治上无上之大德，实亦由当时氏族政权之情势中演出，非先有禅让美德，而尧、舜乃加遵循。换言之，此亦出于尧舜当时内心之一自然形态而已。

禹既究成其治水之大业，乃亦继承尧、舜成法，让位于其同时治水之臣益。当时民众则群心感戴禹之大德，而拥戴禹子启为天子，不拥戴益。此下遂又成为"帝位世袭"。此非当时有人专意定为一帝王世袭制，亦当时社会大群心理之一自然表现、自然现象所形成。如上言之，中国政府之最高制度，岂非一任自然，亦一出民心，而两者之间，则实无可严加分别乎！

又如周民族奉后稷为始祖，但《大雅·生民》之诗，后稷有母姜嫄。又后稷之生，其时已有周氏部落之存在。后稷亦自有其父，特以后稷教民稼穑，而周人乃奉以为姬姓一氏族之始祖。此犹如姜氏族之奉神农为始祖，亦如唐、虞两氏族之奉尧、舜为始祖。禹亦有父鲧，而夏氏族则奉禹为始祖。商氏族则奉契为始祖，但契亦必有父有祖可知。是则中国之氏族社会，虽重血统，而同时即重道统。惟其重道统更过于其重血统，乃于同血统中，尊一拥有上智至德者为始祖。一属自然，一属人文，而实似以人文来定自然。而其所谓人文，则实无害于自然。中国传统文化"天人之际"、"古今之变"，其要乃在此。"血统"属于"天"，"道统"属于"人"。

夏、商、周三代，皆属中国古代之封建政治。而西周封建，则更见为进步而特出。不仅分封姬姓，及其外家姜姓，又封殷之后裔，使其传统不绝。更又兴灭国，继绝世，把历史上所有诸氏族，只要其曾有建树，对历史有贡献者，遍加封建。此等诸侯，则可以代表全中国社会历史经历中有功德建树之各氏族。使政统与血统，更为密切配合，融成一体，乃得称之为"道统"。此实为中国传统文化最本源、最基础一要点。

其实尧、舜禅让，汤、武征诛，以及帝王世袭，同在此一道统中。而西周封建，其事创于周公，乃更完成此道统之大。故中国人必称"圣君贤相"，周公则因其不如上世之舜、禹、汤、武，而毕生居臣位，乃见其为历代贤相中之极特出者，故尤得美称。此见"君""相"在政统中，皆特为少数，而氏族则为多数，群体又更为多数。中国封建政治由大群中之氏族来，可见中国人尊尚少数实亦从多数中组织培养、挑选提拔来。而又密切相关，融成一体，由"血统"中创出"政统"，又由政统中完成"道统"，而使中国成为一"封建一统"之国家。此可谓是中国文化进展之第一阶程。

二

今再综合言之。中国社会乃一氏族社会，而中国历史则即为以"贤、圣"为领袖，以少数领导多数，以人物为最高中心之历史。

此所谓人物之"物"字，即是一标帜，一记号。在中国古人观念中，即不啻以一大圣大贤为人类大群之代表。故"尊圣"、"尊贤"，即是"尊众"、"尊群"。尊重人类，亦是尊重天意之一种表示。何尝有近代人之所谓帝王专制呢？

子贡有言："纣之不善，不如是之甚也。是以君子恶居下流，天下之恶皆归焉。"此见中国人尊重元首，高视了帝王的地位，遂把一切罪恶都归在一两个不符理想的元首身上去。此实亦是中国传统尊君重道之又一种表现。

"恶"亦有"共同性"，下流乃社会之多数。"善"则有"特殊性"，圣君贤相居少数，乃各有其独特处。如尧、舜禅让；汤、武征诛；舜之孝；禹之治水三过其门而不入；文王之三分天下有其二以服事殷；周公之大义灭亲，诛管、蔡，以永奠父兄之业。上之如伏羲氏、神农氏，更上有有巢氏、燧人氏，每一时代即以一理想人物作代表，每一人物即以一特殊之"德性"与其无上之"功德"之成就为代表。至于下流多数，则决不足以代表民众、代表历史。

而此上流少数，则又必出于下流多数中，而为之代表。乃以代表此人类之历史进程与进步阶段。此又为中国文化传统历史记载寓有深意之一大特点。

<h1 style="text-align:center">三</h1>

西周东迁，春秋时代，以前政治一统之大业，则几于崩溃。晦盲否塞之余，乃有至圣先师孔子其人者出。

孔子当时所想慕者，乃为周公。故曰："甚矣吾衰也！久矣吾不复梦见周公。"又曰："如有用我者，吾其为东周乎？"换言之，孔子心中不望为一圣君，仅求为一贤相。然终不得志，其道不行，仅开门授徒，成为此下战国时代之一家言。

战国时代诸子百家继起，实亦同尊孔子，多志为相，不志为君。

迄于汉代，而儒家定为一尊。汉武帝表章五经，罢黜百家，周公、孔子同受崇拜。孔子所作《春秋》，亦列为五经之一。帝王治道，则必本诸经。其时则"经学"即为"道统"，显然已超出"政统"之上。

唐、虞、三代，乃由政统中产生出道统。汉武帝以下，则必尊道统以为政统。以前是圣君用贤相；此下则必用贤相，乃得为圣君。

君位仍是世袭，仍从血统来，但在政统中已不占惟一之重要地位。相位则选自群臣，臣位则从郡国选举贤良，再由五经博士授业讲学中来。

政统乃大部分出自学统，即道统。"学统、道统"乃更重要于政统。可谓中国历史一大变，乃中国文化进展之第二阶程。

四

中国自"封建政治"一转而为"郡县政治"，血统即不在政统中占重要地位。而秦始皇不悟此义，乃谓政统中当仅留惟一血统，君位世袭，乃可二世、三世，以至于无穷世。

汉儒自武帝后，即有名言谓："自古无不亡之国。"此即谓君位血统不可常，故与其招汤、武之征诛，不如遵尧、舜之禅让，于是遂有王莽之新朝出现。光武中兴，虽仍是刘氏血统，而一朝君相大臣，则多出自王莽新朝时代之太学生。"学统"之更超于血统，此亦一证。

近人讥中国为帝王专制，每举秦始皇、汉武帝为例。其实此两人皆深具历史知识与文化意味。秦始皇则主进步论，重近代，轻古代。其焚书案，乃罢斥"以古非今"之诸博士。主张废封建，而以古非今者则严加重惩。汉武帝则与秦始皇适反其道。主张尊古，故于先秦百家中最尊孔子儒家，立五经博士。尽废其祖先一家相传"非刘氏不得王，非有功不得侯"之立国大方针，而创建重古尊孔之"五经博士制"。傥以近代人眼光论之，则秦始皇观念较近西方欧洲文化之意见，汉武帝则纯粹中国民族文化之大传统。此一分别，惜近代国人乃无有加以注意者。此亦一大堪惋惜之事。

但中国政府虽已变成一尊"道统与学统"之政府，而社会则仍为一氏族社会，重血统。两汉士人进入政府，得一官位，必退而敬宗恤族，使一宗一族人尽得沾溉。此则政治上层少数，仍与社会下层多数有其紧密相系处。而自古代农、工氏族外，又得学业氏族，为"士族"之创兴，亦不得不谓非中国社会一进步。

东汉自光武、明、章以下，政治渐衰于上，而士族则盛兴于下。降至魏晋，中国乃成为"士族"之天下。南朝如此，北朝亦然。自士族社会进而为士族政治，使社会多数进入政治少数之机会又益增。就中国文化传统言，则仍不得不谓之一进步。

五

唐代再臻统一，而较之两汉，则又有进步。唐太宗随其父高祖在军中，其幕下即有"十八学士"，较之东汉光武中兴时已过之。西汉开国，乃一平民集团，士人极占少数，更远不能与唐初相比。

其次宰相一职，唐代分中书、门下、尚书三省。中书出命令，门下掌封驳，君权已由相权正式代之，而相权分掌于多人。此亦显较汉代为进步。

尤其是唐代科举制度，社会学人可得自由应考，进士地位远较两汉太学生为门路广而更受重视。此皆学统在政统中更得较高地位，社会多数又多得参加，两者又紧相联系。然论学术大统，则唐代之《五经正义》依然承袭两汉。而科举取士则重诗赋。"《文选》烂，秀才半；《文选》熟，秀才足"，唐代社会乃成一诗人社会。诗之为用，抒情怀、发哀怨则有余，阐扬圣君贤相周公、孔子之治平大道则不足。两汉以下，老子之道已与孔子并盛。而唐代以同姓李之血统观念，亦并尊老子。佛法东来，唐代帝王亦多崇信。于是儒、道、释三教，已如鼎足之分峙。而周、孔之尊，则唐乃远不如汉，实有转趋退颓之现象。

于是有韩愈出而提倡古文，其言曰："好古之文，好古之道也。"著为《原道篇》，又为《师说》。其时惟僧侣始称"师"，而韩愈则以"为师传道"自任。其言曰："并世无孔子，不当在弟子之列。"又以排释、老自比于孟子之拒杨、墨。于是尊孔而为学崇师，更重于为政而出仕从君。而其视孔子之为学，则更重于其入仕，而渐脱离于周公。孟子则追随孔子。周、孔同尊遂渐转为孔、孟同尊。

韩愈又为《伯夷颂》，则所重在野更过于在朝，为师更重于为君。宋人称其"文起八代之衰"，实即其所倡导，则已逾两汉而上之矣。惟韩愈后学，继世即竭。下迄晚唐、五代，学绝道丧，而中国乃陷于混乱黑暗中。

宋兴，与汉、唐又不同。宋太祖乃以一侍卫长受军人拥戴，而黄袍加身。其相赵普谓："助君以半部《论语》得天下，又将助君以半部《论语》治天下。"宋代诸帝王，重士有过于汉、唐，而《论语》一书之尊显，亦汉、唐两代所不如。

胡安定苏、湖讲学，朝廷取以为法，又聘安定主其教。欧阳修提倡韩愈古文，而其后起王安石，则曰不愿学韩愈而愿学孟子。乃重唱尊《经》，有意为"新经学"。司马光则继《左传》为《资治通鉴》，以史学通治道。则孔子地位，自在汉、唐诸君之上矣。

以王安石、司马光之为相言，其地位亦远在其君之上。汉、唐惟为君者信用其相，至是则不啻为君者乃"尊师"其相。王安石为"经筵讲官"，主坐讲，君则立而听。则相位之更重于君位，而师道之更尊于君道，其事皆从宋代起。社会下层之士，乃有转超于政治上层君相之上者。则宋代之较汉、唐，其在中国文化展演之阶程上，不得不谓其又进了一步。

但新、旧党争，终使北宋陷于衰亡而不救。而其时乃有周、张、二程理学家之兴起。盖道统既尊于政统，师道既高乎治道，则进而在朝不如退而在野。为士者既以师道自任，则在己之修养磨炼，乃更重于出仕以从政。此乃宋代理学家之异于汉、唐儒。《宋史》特立《道学传》以别于《儒林传》，即具此义。

南宋朱子继承二程，定《论》、《孟》、《学》、《庸》为四书，为之作《集注》与《章句》。宋代以下，四书乃凌驾于五经之上。治学者必先四书，乃及五经，于是孔、孟之新传统乃继周、孔旧传统而代兴。在野之师道，乃始正式凌驾于在上之君道。此当可谓中国传统文化演进之第三阶程。实可谓其乃由多数展演进向少数之又一进步。

六

然而周、张、二程既无救于北宋之衰亡，朱子、象山亦无救于南宋之衰亡。元代乃以蒙古异族入主中国，在上之政统、血统乃亦因之而大变。惟政治乱于上，而社会之道统则仍安定在下。黄东发、王深宁、吴草庐皆以南宋大儒，元初在野讲学，为一世师。其出仕在朝者，刘静修盘桓不求进，尚受后人推崇。许鲁斋稍得意，乃受后人之鄙视。鲁斋在野时，与众坐一梨树下，有"梨无主，吾心独无主乎"之语，则其人平素非无修养可知。

但就实论之，元代虽异族入主，其政治大统一切制度，亦多依循前代，一仍唐、宋，无多更易。科举亦仍旧贯。考试课目，则遵南宋朱子新传统，先四书，后五经。明、清两代一遵无变。此亦不得谓非许鲁斋之贡献。

刘静修谓："由己而道尊。"许鲁斋则谓："由己而道行。"然元代诸儒则终多不应举。而书院讲学遍于全国，地方官到任必先赴书院听讲。此又道统尊于治统之一明白确切之表示。专以此一端论，则元代风气，亦已远胜于秦代之焚书、严禁在下之以古非今、以政统高驾道统而上之之所为矣。

然而中国人则终不忘其血统观，于是朱元璋乃以一小沙弥崛起，驱逐蒙古，身登天子之位。此非民族大义一明白之表示乎？但其招揽诸儒，则终亦不免由君使臣，以道统供政统之用。

刘基得聘书，同时赐以剑，使任择其一，其无礼乃如此。其他诸儒受聘，亦多经逼迫。施耐庵为《水浒传》，在林冲、武松诸人忠义堂一百零八好汉中，独于其元首宋江有微辞。而有王进其人，神龙见首不见尾，独在一百零八好汉之外之上。殆施耐庵即以自喻。当时士人以"道统犹当在政统之上"之共同观念，《水浒》一书亦可证。然则即谓《水浒》乃承两宋理学传统来，亦无不可矣。

明祖废宰相制，成为皇帝一人独尊，此制更要不得。而明成祖以"灭十族"罪方孝孺，其为君自尊，尤更远甚秦始皇帝之上矣，则更尤要不得。此下明代诸君，亦终难与宋相比。盖宋祖之登帝位，得自无意，一若天之将降大任。而明祖则从兵戎战斗中夺来，一若由己艰难占有此宝物，遂以滋其自尊之心。今人则以民族大义与平民为天子来看明祖，则中国五千年历史岂不惟此一人，犹当驾汉祖而上之？不求其内心，宜有此失。此则可见宋代理学提倡"正心"，其说对中国文化之大贡献处，终为不可忽视矣！

明代诸儒乃亦一承元代之风，以不出仕为高。吴康斋、胡敬斋隐于田野，陈白沙隐于海瀍。王阳明一人独例外，然亦先遭龙场驿之贬谪，及其平宸濠之乱，而亦几遭不测。终以江西巡抚死于军事途中，未能一日重返京师。故其弟子如王龙谿、王心斋，皆决意不仕，在野讲学。乃有李卓吾之徒，又成为儒、释、道三教同流之势。东林一反故辙，主张在野不当忘廊庙。然而中国之士传统，虽诚如东林学派之所提倡，而东林党祸兴起，高忠宪亦投水自尽，明代亦终以亡国。满清入主，重来异族之统治。晚明诸遗老，亦相率不仕。李二曲居土室，顾亭林则流浪山、陕间，王船山、黄梨洲皆隐晦以老，朱舜水则乘桴海外。政乱于上，学兴于下，较之元初，抑更远胜。

七

今言政统，则汉、唐为盛，宋已衰，惟明代若差堪与汉、唐相拟。此外则辽、金、西夏割据，蒙古、满洲入主。宋以下之中国，远不如宋以前。然论学统、道统，则宋以后尤盛于宋以前。社会下层递有进步，中国依然是一中国，而旺盛繁华递有升进，亦一不可掩之事实。

顾亭林言："国家兴亡，肉食者谋之。天下兴亡，匹夫有责。"此亦言政统失于上，而道统则犹可保存在下。匹夫较肉食者远为多数。实则此等匹夫更难得。亭林之意，乃主于大范围多数中养出此更难得之少数。君有君道，臣有臣道，职位既定，其道易知。匹夫在政治上无职无位，而天下兴亡，道大难知。道不行于下，社会无知无道，则一切无可言。此意尤值深切玩味。

清代顺、康、雍三世，治定于上。乾隆之盛，上比明代之嘉靖、万历。然而在下之学统，则依然一反在上之政统，乃有汉学、宋学之分。宋学乃朝廷科举功令所尚，重朱子之四书。而汉学则返之两汉五经，而程、朱则转若所轻。论其内情，则依然以在野争在朝，以道统争治统，以孔子之至圣先师争当代之帝王一尊，则依然是有宋理学之流轨。

西化东渐，乃有太平天国兴起，以耶稣为天兄，洪秀全为天弟，到处焚烧孔庙。今人亦以民族革命称之。傥其成，当又将下于明代之开国万倍。曾国藩乃以在籍侍郎，发动湘乡团练，平其乱，维系中国文化，功在民族。孔庙犹得存在，道统仍见承传，此非曾氏之功而何？而今人乃以昧于民族大义责之。使曾国藩而亦从洪秀全，如复有施耐庵者出，再为《水浒传》，不知更将何以下笔矣！

下迄清末，康有为起于粤，章太炎起于浙，皆以书院讲学传统，一主今文经学，一主古文经学。要之，以中国旧传统言，皆似以社会下层之道统上撼政府上层之治统。而实则康、章皆非其人，道统已失，狂言枉论，仅以误世。独中山先生乃以革命大业，创建民国。此诚中国历史上一大开创，一大进步。

中山先生之"辛亥革命"，始可称之为一正式"民族革命"。既非太平天国可比，亦非明太祖开国可比。中山先生之以第一任正式大总统让之袁世凯，汤、武征诛，继之以尧、舜禅让，有宋理学家之所提倡，中山先生正其人矣。

洪宪称帝，北洋军阀擅权，政复乱于上。中山先生退隐在沪，开创"三民主义"作为讲演。虽其辞若只讨论政治，然首冠以"民族主义"，即以道统驾治统之上。又称"民有权、政有能"，则民权虽在社会下层之多数，而行政之能，其责任则在上层政府之少数。其重视上层治统之少数，亦上承中国文化传统之理想而来。"民生主义"一端，乃屈居三民主义之最末。又非专指衣食物质生活言，乃指社会多数之人生言。而民族主义则兼涵并容以前历代之古人，更属大多数。而能明得此民族历史之传统大义，则少数中之尤少数，其职任当为最难。

故中山先生之创为三民主义，乃自居为"先知先觉"，名其党人为"后知后觉"，而全国民众则为"不知不觉"。此一分别，尤更为远异于西方结党从政之普通意见，而深入中国五千年来传统文化之道统、政统之内在精处，有非极高深识之士之所能知。中山先生提倡此义，岂非我中华民族一天赋之大圣而何！

中山先生又于五权宪法中加入监察、考试两权。考试权乃中国传统政治最高机能所在，使社会多数与政府少数紧密相通。政府之"能"直接出于民众之"权"，其要在此。故中山先生乃主我民族传统自古相承之考试权，而不主当前西方盛行之选举权。虽亦言及选举，而不仅对被选举人有限制，并对选举人有限制。其所限制，则皆在考试权中。此尤不失中国传统之重视少数，而此少数之又必出于多数之精义。

惟考试内容，则中山先生未经详作规定，而亦无人起而继其功。汉唐以来，中国政统上研究讨论最值注意之重大一问题，今乃无人过问，此诚大堪惋惜之事矣。

八

黄梨洲《明夷待访录》，其《原君》、《原臣》诸篇，发挥中国传统民主政治之精神所在，其书尚在法国卢骚《民约论》之前。卢骚《民约论》仅本空想，而梨洲则根据中国传统史实。孔子以前，圣君贤相之相传，实即代表治统不离道统，早已是一种"民主"精神。秦、汉以下，天子为王室之主，宰相为政府之主。君位世袭，由氏族观念来。而政府中之相权，实即代表社会之"民权"。君不必圣，而相则必贤。周公、孔子乃汉、唐以下社会民众理想之所寄。梨洲《待访录》深斥明祖废相为中国政统有失道统意义之最大一关键，乃一针见血之论。

梨洲《待访录》又有《学校篇》，主张学校当为政统中公议之发源地。此一层，亦汉、唐以下诸儒所未发，而其论则从明代之东林来。

今再进一层言之。学校为立国百年大计，其最高权能，应尤在政府之上来领导政府；不应尽在政府下，受政府之统制。即两汉太学已有此意。又学校为考试之本，而考试则为政府用人之本。政府成员来自考试，考试内容则定于学校之理想。

汉武帝之表彰五经罢黜百家，本之董仲舒之贤良对策。而董仲舒之得为贤良，则出于地方民众之察举。自察举演进为考试。唐代考试乃脱离学校而独立，此实为道统与政统一大歧点。盖自汉末经魏、晋、南北朝，教育乃在世家，学统寄之血统。及唐代，考试盛而世家衰，无学校则考试何所本，应考者又何自来？

宋代有胡安定创兴之书院，王荆公更新考试，此种精神，至朱子之定为四书，元代之更新科举制度，而后教育为考试大本之理想，乃有开始实现之端倪。晚明之东林书院，则为之作明白宣扬。梨洲此番理论，具体落实，有其更显明之表现。但明代科举，八股文乃成为应考者文章之定式。顾亭林《日知录》谓："八股之祸，更甚于秦始皇之焚书。"则考试制度之各方面须随时改进，学校书院制度亦其一。此则有贵于圣人贤士之随时用心。

晚清变法，依康有为主张，先废科举。而孙中山先生五权宪法中，又特设有考试权。其深识远见，超出于康氏者难以量计。

故政府用人之本在考试，而考试之本则在学校。学校在野，为学统道统之养育发源地。而考试则在上，为选贤用能之惟一根据。中国文化演进之三大进程，梨洲《待访录》一书，可谓已得其重要宗旨之所在。而其论学校，则可补中山先生三民主义与五权宪法所未及。中山先生于实行"宪政"之上尚有"训政"一阶段，惜乎国人忙于西化，乃未及注意及之耳。

今再明白言之，近代民主政治有总统，此即代替了古代之君位。有行政院国务卿，此即代替了古代之相位。民初有英国"首相制"与美国"总统制"之争，实则君相一体，治平大道决非寄于一人，乃当寄于多人。唐代之中书省，如今之立法院；门下省，如今之监察院；尚书省，如今之行政院。合此三院，乃成一相位，而全部政府任务实已由此而定，此当最可取法者。唐代所缺，则在学校。中山先生之主宪政前先行"训政"，学校实当为其一主要机能之所在。惜乎近代国人，乃无有注意及之耳。

九

由上言之，可知学校地位之重要。政府中人属于少数，学校中人则属多数。由学校培养贤能来组成政府，而政府公论仍当寄存于学校。此诚一大可向往之理想。

西方文化主"分"，学校代表"智识"，政府代表"权力"，又有教会代表"信仰"。既无一统合之道统观，而政府治统，亦不能干涉学校与教会。学校、教会分别成立。政府民选，乃由民间纳税人掌理。凯撒事凯撒管，上帝事耶稣管，政教分离不相合。故西方实为一无统之社会，或统之于资本财富，或统之于政治权力与法律制裁，如是而已。是非标准，则尚多数决定。

中国则必有"统"，血统本之"自然"，政统出于"人文"，而道统则"一天人，合内外"。由多数中演出少数，又由少数中演出更少数，而其更少数，又必回归于大多数之同然以为定。

若必如西方，以结党选举为政治之基本，则果使孔子出而竞选，未必能胜于阳货。战国诸子出而竞选，亦未必能胜于孟尝、信陵、平原、春申之四公子及苏秦、张仪之徒。故中国人重少数，而少数必宗于"道"，而此道又必传于"师教"。孔子为至圣先师，乃为全中国人两千五百年来所崇仰之惟一人物，为其他人所不可及。

依中山先生之三民主义，首重"民族主义"。依中山先生之五权宪法，必尊"考试制度"。又依中山先生军政、训政、宪政之三阶段，于全国平定后，实行训政，则应重"学校"。道统必在政统之上，而少数则必从多数中来。权力非所重，"道义"乃其本。庶亦有合于现代民主政治之大潮流、大趋势，而不失为中国文化演进之第四进程矣。

即以中山先生之在广州组成革命政府，然仍赴北平与段祺瑞、张作霖言和，盖亦以政治理想非一蹴可冀，故主政则必崇道，主让不主争。孔子曰："君子无所争。"又曰："君子群而不党。"中山先生之北上言和，亦有孔子"不党无争"之意。如其辛亥革命之让位于袁世凯，言教不如身教，中山先生乃得为现代中国政治界理想一完人、一表率。"行道"尤重于主政，即中山先生一生之表现而见矣。岂必掌握政权，乃始得为行道之张本乎？民族文化传统固如是，中山先生之躬行实践亦如是。"天生德于予"，中山先生其亦无愧矣。中国此下之希望，则终系于中山先生所倡之道，岂不昭然乎？

若必一依西方，专以多数为重，必以分党竞选为民主政治之正规，则亦当分教会与学校于治统之外，政教分离，庶可稍减其病痛之大。否则政权乃为社会大众惟一崇奉之对象，政统超乎道统之上，恐中山先生生平提倡革命，身为党魁，亦断无此意想。果使中山先生而亦同有此意想，则我中华民族五千年来之文化传统，亦将坠地以尽矣！

求变求新，从头做起，迎头赶上，一味学西方，则五千年文化抟成之此一民族，永将不再存在。即民族血统而失之，其他尚何得言。嗟哉！国人其亦一再深思之！

（一九八三年四月八日香港中文大学成立二十周年纪念讲稿，刊载于是年四月十一日《香港时报》，五月香港《明报月刊》十八卷三期。六月《文艺复兴》一四三期转载。一九八三年暑，曾收入《宋代理学三书随劄》一书。一九八八年全文又重加修订，改收入本书。）

六　个人与家国

一

中西文化不相同，主要在人与人之相互关系上。西方人似应主"性恶论"，互不相信，乃有"个人主义"。故人与人相处，惟有吃亏与占便宜，分利害，不分是非、善恶。即其男女婚姻结合为夫妇亦然。男女异性相爱，乃发源于人性中男女追求之一"欲"。中国人主"性善论"，能自信，亦能信人，乃有"大群主义"。即夫妇婚姻，亦主要在此人群结合之基础上，故重信与义，乃是人生中一"公道"。不在爱与欲，仅属人生中一"私欲"。

西方人信有上帝，乃创宗教。信科学，乃创唯物论。人与人不相信，其日常相处难，乃赖法律。法律具禁戒性、防止性、非有交付性与寄托性。于是人与人相处，惟有敌对与相争。男女之间虽有爱，仍属于与其他人之相争。故西方人虽以恋爱为人生之至上，实际仍是人生一"争夺"面，而非如中国之为一"和合"面。故西方婚姻，仍需法律。而西方人又称"婚姻为恋爱之坟墓"。此因结为夫妇，恋爱已告完毕。不如中国人以夫妇为成家之本，即五伦之首。此又其大相异处。

西方"个人主义"，在其心理上，有一大缺点，即不肯承认自己一切行为中有过失，乃不能有谦让心。遇有不如人处，但求慕效他人，却不知悔悟己失。故其心理上只向前不退后，仅外顾不内视，仅知有进步，乃无"改过自新"一观念。时间过，则一切行为全消去，因此亦无历史观。西方史学不发展，此当为一至要理由。

中国人认为人生，外面是物质，即自然，即天。内部是道德，即心，即人文。个人人生最属自然，但个人必融入大群中，乃得为真人生，即道德的人生。其重要关键，则在其有"家庭"。

人生幼稚期不能自生活，端赖父母扶养。中国人男子二十而冠，女十八而笄，乃为成人，始得自立。此乃一种自然人生，中西应无大区别。

但西方人遵守个人主义，其幼年期与其晚年期，乃不列为人生之重要部分，曰平等，曰自由，曰独立，幼年乃一人生预备期，老年则为人生衰退期，同不能自立为生，皆不得奉行其所主张所信守之个人主义。故西方个人主义，实在全人生中已打了折扣，非能完整美满的推行。

中国大群主义则幼有所养，老有所安，老幼亦同如中年，各得其所，各为人生之一时期，君子无入而不自得。此之谓"天人合一"，乃成为忠恕一贯美满完整之人生。

故中国大群人生于"个人"之上则必有"家"，有"国"，而乃至于"天下"。盈天之下同此"群"。

西方人生，则于家庭亦不如中国，应视为有缺，更无论国与天下，端赖个人以个别为生。远自希腊起已如此。罗马一如希腊，仍属个人主义。其有国，乃一帝国，与中国之为国大不同。国之上亦无天下一观念。

此下欧洲人，莫不如此。迄今交通频繁，五大洲已俨如一家。但欧化主宰，而亦仅有一"联合国"之组织。即此组织，亦仅有名而无实，与中国人之"天下观"终大相异，故亦无中国人"平天下"一观念。

二

欲讨论中西人生之相异，专就"个人"与"大群"两观点言之，莫如就其"家"与"国"之相异而加之以辨别，更为易知而有据。

中西家庭相异，事较易知。而中西双方国与国之相异，则事更明显，而世人乃少讨论及之。

希腊未建有国，罗马仅一帝国，乃并吞四旁他人之国以为国。实仍由希腊式之城市扩大而来，其主要中心仍为一城市。非如中国，国之中心乃各自之"家"，家之中心乃各自之"身"，由家扩大而成"国"。

罗马覆亡，北方日耳曼民族有堡垒家庭之兴起，始与中国家庭约略有其大相近似处。但于中国由家庭而为氏族，又由氏族而成为封建国家，日耳曼当时则尚无此进程，可谓乃仅中国封建之初步。近代人以日耳曼与中国同称为"封建时代"，此实失之。当时之日耳曼仅得称为乃中国"封建之雏型"。如一婴孩与成年之相异。

又中国封建诸侯之上，尚有一"中央天子"，与其四围之诸侯联合成体。而日耳曼堡垒时期仅得称为一王国，此外又有一罗马教廷，此与中国之有中央天子大不同。则当时西方日耳曼诸堡垒，又焉得谓即如中国之封建？

故可谓罗马帝国乃由希腊式之城市所化成，此乃自有其历史渊源。而日耳曼堡垒贵族则由其家庭所化成，此则与希腊之城市大相异，而转有近似于中国处，亦可谓欧洲中古时期，日耳曼乃始有略似中国式之家庭之兴起。傥能再由此扩大演进，始可略有如中国式之封建诸侯之创始。而惜乎其终未能到达此境界。

此下日耳曼以外乃又有城市复兴，仍由希腊、罗马型转进而成为现代国家之兴起。其稍前中古时期日耳曼民族另一新式之演化，遂告停歇。

所谓近世欧洲之现代国家，最先如西班牙与葡萄牙，依中国观念言，亦仅限于几个城市，亦仅是些小城市，非大城市。而在西欧则竟分成为两国。使葡、西诸城市，苟能进而再融和凝合成为形如中国式之一国，则其向外发展远洋殖民，当可与此下形式大不同。

又如其北方荷兰、比利时继起，地面更为狭小，既不当分割为两国，即便联合，亦不该遽认为一国。如在中国，则仅如一国中之一府一县而止。

英、法继此四国而起，地面较大，其对外形势亦与前四邦不同。而英、法实际亦只隔一海，相互交通便易。果能亦如中国，则两邦亦仅如毗邻之两诸侯，和好交通，何乃遽成为两帝国？

又使如英、法、荷、比、西、葡，果能自始即融合为一国，此从地形言，亦绝非甚大一难事。而能如此有一新国之兴起，其航行远出，影响所及，较之现代之欧洲史及世界史，其相异又当如何？全世界岂不将由此而改观？而西方文化之本身内容，尤将远异于当前，亦不待言而可知矣。

近代西方帝国主义已难继续推行，但从不想到其已往之历史，仅知互相模仿，把别人胜过自己处，尽情学习。使果见别人有何胜己处，而学习不到，则消极悲观，不再向前。却绝不知悔悟已往，作从头之改变。试读全部西洋史，岂不如此？

即宗教亦然，经长期之演进，亦无对原始之形式与其教义有何改过自新处。仅信有一上帝，而绝不自信。惟待"得救"；绝不能"自救"。

当前欧洲共分三十余国，此可谓仍是一希腊型，惟扩张向外，稍带有罗马型。但皆绝非一中古时期北方日耳曼民族之贵族堡垒型。此乃西方文化最值注意，应加以分辨讨论之主要点所在。

而其中古日耳曼民族之得能形成一现代国家，则其事晚出，此即后起之奥地利与德意志。故在欧洲，德国人最知慕中国。亦惟德国人与英、法诸邦不易相融和，而引起最近代之两大战争。此两大战争后，不仅德国以两败之余而幸得仅存，即英、法虽连胜而今日则已臻中衰之境，亦将如希腊、罗马之一蹶不复起，此非欧洲史一最堪悲观与惋惜之例乎！

其次欧洲人移殖他洲创建新国，如北美洲之美利坚与加拿大，皆得形成为一大陆型之大国，与欧洲原始之海岛型小国寡民大不同。而其文化传统，则一仍其旧，无大变异。故今之美国与加拿大，亦仅以一大陆国而半岛化、海洋化，乃亦终无以异乎欧洲之原始精神。此则又大堪惋惜者。

帝国主义之日趋衰歇，今日已成为欧族传统文化一不可掩盖之情实。最著者，如当前英国国内罢工风潮，日起不已。尽人只在就近"向资本主义"争衡，不再承袭已往之资本主义"向外"争衡。此亦同是一种个人主义，无可阻遏。

即当前之美国亦然。至少已不愿弃其安居享乐之生活，再从事于向国外作帝国主义之侵略与斗争。远自韩战、越战时影像已显。兵力不振，威武减缩，何来保有帝国之强硬与尊严？

英、美以外如苏联，其在援助阿富汗战争中，兵力不可谓不盛，历时不可谓不久，迁延震荡，迄无所成。其势没落，亦已可想。

然则欧洲传统之帝国主义已臻衰退，国际抗衡蔓延无结果，徒自亏损，有失无得。此下局面宜必有变。小国激烈相争，乃更过于以前帝国之相争。纵无刺激压迫，仍不能和平相处。战场风云，平空特起，即如当前之伊朗与伊拉克，兵争已达七年之久。而昔日之帝国，乃亦袖手旁观无奈之何。

三

中国人言，"十年树木，百年树人"。何以树人需百年之久？如孔子十有五而志于学，三十而立，以至七十而从心所欲不逾矩，此乃以孔子一生之学不厌教不倦，始得言"树人"。但尚有被树者。使无颜回、子贡诸弟子，又何所树？然颜回之死，亦已年逾四十。孔子有"天丧予"之叹。今合计孔、颜两人之年，岂不已在百年之上。即如其他诸弟子，如子路、子贡及有子、曾子诸人，各与其师孔子相互合计，亦莫不各具百年。濂溪得遇二程兄弟，教以寻孔、颜乐处。非二程，濂溪之教又何所施？二程之受教于濂溪，仅两夕之久，但以师生双方年龄合计，亦当逾百年以上。又如范仲淹，面授张横渠以《中庸》一书，此后横渠由以成家，合计两人年龄，亦已远逾百年之上。故百年乃统师生双方言。

今以一国之政事言，如美国，大总统任期四年即满，连选得连任，但亦八年而止。美国大总统连任三期者殊少。试问八年间，治国安民，移风易俗，又何所施而遽得见效？

美国两百年来，大总统当及五十任，最有开创功业可言者，莫如林肯之解放黑奴。但解放黑奴，非即停止其为奴而止；解放后，必当继之以"教化"。使黑人能与白人稍达平等地位，乃可言真解放。故解放非仅法律一名辞，必加之以教育功能，始得符解放之理想。但曾几何时，林肯即去位，继任者非复一林肯，无此理想。迄今黑白人同居一国，性情不相通，教育不相等，智慧能力不相及，待遇不相同，则黑人解放，岂不转增美国政治上一经济负担，一社会难题与纠纷？而此下则漫无止境。但岂得谓此难题与纠纷，乃由林肯始创之。西方之政治悲剧乃如此。

汉武帝表彰五经，罢黜百家。使中国帝王亦仅以四年八年为期，而凡为帝王者，又必意见不相同，主张必相异，王位变，政事亦随而变。试问此表彰五经罢黜百家之一事，其意义价值与影响，又当如何？

西方人不仅于一国元首之任期必加以限制，并对凡为元首者亦率无好感，必加以重重防戒与限制，此即国会之任务，乃得称为民主。故为政府元首者，亦不得真为一国之主。中国人称"君主"，为君者必当有所主。使不许其有所主，又何必设此一君位。

故既名为民主国家，即不当有一政治元首。如古希腊即已然，乃不能真实建一国。文化演进，有其传统，迄今欧洲人仍是一希腊传统，何尝能有大变。

凡今西方所谓进步，如商业、如科学，皆与其政府及政治无关。凡西方国事，苟由政府处理，非经民众监督，当尽成一乱。细读西方史，征询西方人意见，何得谓之非然。

然则果继自今，欧洲人反本复始，凡属国家，当只许有小规模之希腊型，不再有大规模罗马型，始得彻头彻尾推行其个人主义与民主政治。遇共同事，则共同开会，加以商榷讨论。希腊型之上，或可加之以犹太型，只许有教会，有教皇，有耶稣，而不再有凯撒。则今日世界交通如此方便，宜亦自有其可行之一途。西方人能悟及此，至少可消除其帝国主义之为祸，亦未尝非世界一福运。仅有个人以直达于天下，岂不更为直捷而痛快。而无奈其无此机缘何！

故西方将来当由罗马型返回希腊型，人穷则反本，大势宜然。其最感困难者，当为商人重利轻离别之家庭制度。今日交通方便已远异于希腊时代，出外经商，亦不必与家人久别。并可早谋退休，安享晚年之退休生活。则夫妇婚姻与子女团聚，实为此下西方人最当郑重努力想望之一途。

最近美国有提倡祖孙三代同堂之新家庭制度出现，即其现实之一证。在此方面，中国传统文化正好贡献当代作一榜样，取法无穷。傥径自西方言之，则中古日耳曼堡垒时期之生活，正当郑重取法，为此下欧洲新文化一渊源。此乃西方人亲自其"海岛型"而转为"大陆型"一亲切之实例。

四

天地生人，必生有男女，又必男女相配合，乃得下一代之续生，而有长幼之异。故"男女"与"长幼"，乃天生人类之两大相异点。

中国人之五伦，夫妇一伦，即由男女相异来。其主要之父子一伦，乃由长幼相异来。此实五伦中之最要两伦。此则太史公所谓"天人之际"，而"古今之变"亦无能逾此矣。

有夫妇、父子之两伦，乃能由个人进而为家庭。既有家，乃有族，中国封建即由氏族来。由封建而统一，乃成为国。故中国之大一统，亦由氏族来。则由家有国而天下，亦一以贯之矣。于何贯之？曰，贯之于个人之一"己"，即贯之于其一己之"天"，即其"心"、其"性"、其"命"，即己之为男女与长幼而止。

"己"之男女长幼，即己之"天"。由天而人，由人而天，"天人合一"，乃始有家庭、大群、政治、社会一切人道大义之可论。

而中国人之所谓"道义"，则即本于己，本于天，本于己之本性之有长幼男女，亦即本于"自然"。

中国道家重自然。儒家则重性命、重天，乃重人伦，即重长幼男女之别。故中国文化必兼儒道孔、孟、庄、老而始定。

中国儒家言仁、义、礼、智、信五常，"仁"居首，"信"

居末，尤为五常中之重要者。而其所重则仍在各己之一"心"。仁在内，信在外。西方人不知有仁，其所信乃亦不在人而在天，在上帝，此为宗教。信于物，则为科学。宗教、科学皆可信，而独对同类之人则无信，乃尚法。故大群政治必尚法，有法乃可有政。

中国人则法不在五常中。五常皆主"平"，而中国人之法亦不重刑，而重平。西方则即以刑为法，而更无中国五常中之所谓平，故西方言法亦与中国人之法大不同。

中国主常道，而西方则惟变无常。中国法以"守常"，西方则法以"制变"，亦惟刑法乃可常。此又与中国人言道与法之大同而可常者又不同。此亦中西文化一大相异处。

五

西方近代民主政治称"法治"，中国传统则当称"礼治"。

《诗》云："相鼠有体，人而无礼。"礼者，人类大群生活一共同体。长幼相教养，男女相配合，始得成为人。幼老孤寡，皆非人生之正常。而天下则为人群综合一大体。故鼠生以"身"为体，而人生则以"群"为体，即以"礼"为体。

"礼"之主要，即在长幼男女。又礼分宾、主。人之祭天地，则天地亦当为人生中一体。故曰："一天人，合内外。"

而礼之本源，即由"己心"之性命中生。故孔子曰："人而不仁，如礼何！"仁即人心，而礼则由长幼男女始，故孝弟婚姻则为礼中之尤大者。有夫妇乃有父子，父子为天伦，夫妇乃若为人伦，中国人言夫妇为五伦之首，则岂不天伦乃转本于人伦。非人又何以见有天？则人为主，而天为副。此尤见中国传统之道更具深义之所在矣。

故中国人言"一阴一阳之谓道"，乃先阴而后阳。若以天为阳，以人为阴，则岂不犹先人而后天。又天乃其阳，地乃其阴。天地乃其阳，而人生之长幼夫妇则其阴。中国人之言长幼夫妇，有时则其意义价值乃更亲更重于天地。而近人则谓中国人重男轻女，至于中国长幼之伦则并所不知。如中国人言孝道，近人并谓之乃封建思想。则此先阴后阳之道，又谁与深论之！

孔子又言："十室之邑，必有忠信如丘者焉，不如丘之好学也。"又曰："古之学者为己，今之学者为人。"为己之学，即如忠信，亦以为人。为人之学，则以他人为工具，非忠无信，转以为己。

今日之西方人，其学皆尽为人，实则乃个人主义。即如经商牟利，己之所利，皆在对方，则非对方又乌所学？但学为人，苍生何限，又何可学？今日则交通方便，四海如一家。为人之学，更浩瀚而无穷。其学已乱，又焉能有所得。乃至无可学。而今日之世界，其对人之道，皆无学可言，则岂不亦一绝大问题之所在乎？

（一九八七年七月作，刊载于是年十一月《动象月刊》十一期。此文发表后，又重作修订。）

七　西方个人主义与中国为己主义

一

近代人称西方为"个人主义"，其实中国亦同是个人主义。个人乃人群之本源，使无个人，又何得有群？

但中国与西方之个人主义乃大有分别。西方偏重物质方面，故其所谓个人，乃以"身体"为本。中国偏重精神方面，故其所谓个人，乃以"心性"为本。此乃其大别所在。

故中国人不称个人，而称为"己"。乃谓一切道义责任全在"己"。故"为己之道"、"为己之学"，实即中国之个人主义。

"己"由父母来，非父母，何来有己？故中国人道最重孝。然生必老而死，非有子女，则己之生命即断绝。因有子女，己之生命乃得持续不断，故中国人又重慈。有夫妇，乃得生子女，故中国人又重夫妇和爱之道。"爱"与"慈"与"孝"，乃中国伦常大道之本。其本在己之一"心"，此即可谓中国之"个人主义"。实即与"大群主义"无异致。

故中国人之伦理，由"夫妇"乃有父母子女，又得有兄弟姊妹。由"个人"而成家成群。我之子女，又与人之子女配为婚姻，成为夫妇。于是而中国之家乃有内外之分。"家"之扩大为"氏族"，再由氏族扩大而为"邦国"。故古之国，皆以氏族成，如陶唐氏、有虞氏、夏后氏皆是。再由诸国推尊一天子，于是而成为"天下"。凡天下之人类，乃得和合成为一大群，而相安以为生。由个人而至于天下，此乃中国文化理想之极致。

二

《大学》言："大学之道，在明明德，在亲民，在止于至善。""德"在一己之内心。其心能爱人，爱及天下，此曰"亲民"。天下无不在彼我相爱中，乃为"至善"，而大道即止于此。天下人共尊一天子，以成其为一天下。即如一身之五官四肢，共尊一心，此即为人道之至善，即止于此，不复可进。故《大学》言修身、齐家、治国、平天下，其本则在于"正心""诚意"。但此心、意之达于身、家、国、天下，其间必有"知"。而所知则必格于物。此所谓物，非指自然物质言，乃指一"目标准则"言。如射，必有一目标，即称为物。子女之孝，父母即为之物，即其目标。孝道得中，故曰："致知在格物。"五伦各有一对象，格物者，即到达此对象。故知亦有宾有主，此即谓之"礼"。中国人言德，如孝、弟、忠、信，皆有一"对象"。人心一切之知，亦各有一对象。如孝，其对象即父母。求真知父母，乃能真知己心之孝，故格物乃能致知。非真知父母，真知孝，即不格于物。中国人道理乃如此。

故中国人之个人主义，必知"彼""我"同是一人；盈天下大群，亦同是一人。人与人相处，必互有其道。故中国之个人主义，即"平天下"之道，贵在己之能尽其"心"。傥能人各尽其心，即尽达此标准，则天下大同而达于太平之境矣。

西方人之个人主义则不然。西方人当主性恶论，其所谓人，乃指其"身"言，不指其心言。人身同是一物，故西方又可由个人主义而达于"唯物论"。盈天下皆是物，人与人亦如物与物。彼我无情，乃惟有以法治，无中国人"仁道"与"礼教"之观念。其哲学思维，亦必以唯物论为主。即为唯心论，亦谓心以为然，乃属知识，非关情感。故西方哲学亦"尚智"而"非仁"。此乃中西思想之大不同大相异处。

今傥以《大学》"格物"之物，亦认如"物质"之物，即以西方科学谓是格物，则大误无可得解矣。

三

其次再言"主观"与"客观"。

西方个人主义乃为个人谋取权力与福利，其对象在外，乃对物不对人，纯凭知识，不凭情感。其对人乃为一种手段，非道义。所重乃在对象，即物，只在外面，故重客观。若如中国伦理，夫妇、父子、兄弟，则己心与对象、客观与主观，和合成为一体，复何主客之分？

故西方人言知识，专在外在物质方面，与我不同体，贵能有证有验。故其哲学家言"真理如一张支票，能向银行兑现始得"。

中国人则心安理得，理在心中，当下即是。己心即是一银行。故中国之个人主义，在如何自尽一己所受"天赋"之性情，来对家庭、对人群，能孝弟、能忠信。其对象虽亦同在外，而其重要用力处，则内在己心。如何自尽吾"心"，自竭吾"诚"，其主要用力仍在"己"，在主观方面。此其大不同处。

个人对父母之"孝"，对夫妇对兄弟之"爱"与"和"，对国对君之"忠"，对社会对朋友之"信"，如何善尽我一己之性情，以达于家、国、天下吾所处身之大群间，其一切领导，皆在一己内心之"性情"上。西方人因重对外谋利，故其知识重对外，真理亦即在外。中国真理则不离一己之性情，故其大本大源则曰"诚"。诚非主观，亦非客观，"天人合一"乃得诚。

由其一己之性情，而谋获种种向外之需求，此非西方科学专用意在外面物质上者之所能。在中国则一切行为当谓之为"艺术"。故"儒"乃"术士"之称，而儒家所习则重在"六艺"。书、数皆在六艺中，则文学与科学亦当在六艺中。

使西方科学而亦得成为中国之六艺，则断不能有如近代核子武器之类之发明。故西方文化主要中心，可谓只是一种科学的，乃是一种"工具"的。而中国文化之主要中心，则应属一种"艺术"的，即是"本体"的，非工具的。

西方科学的基本知识在数学，而中国艺术的基本表现则可谓在音乐。中国人一切学问，其最要基本，都表现在文学，如《古诗三百首》。即中国之文学亦与音乐融合而为一。《诗三百》，修身、齐家、治国、平天下，以感以应，一以贯之。而所重则在"赋"，即写实；在"比"在"兴"，即赋之所由来，亦即"天人"之一体。由是而扩大悠久，则人文化成，人类全体文化，亦胥本源于此矣。

今日吾人之所谓民族文化，亦当如一诗之所兴。故中国人一切学问必尚"文"尚"雅"，而《诗经》三百首，乃为中国人有关性情、道德、文化、历史之第一部最先著作。"俗"之一字，不文不雅，乃为中国人所鄙视。西方人则不然，并无中国一"雅"字，更不论其意义价值之所在；只重一"俗"字，故其为群亦仅止于小国寡民。绵延迄今，近人则尊之曰"时代化"。更又何从得深言？

重客观，则必流于中国之所谓"俗"。西方科学上一切大发明，无不求能通俗，"俗"即是一种"客观"。中国人则重"心知其义"，"人不知而不愠"，"知我者其天乎"！此为"己心"之一种"主观"。主要在自求己知，不贵人知。如大舜之种种孝行，岂为求人知。只重己心能孝，非为求人知，则孝纯是一种主观，自尽吾心，如是而已。惟人心相同，人心犹吾心。大舜之孝，乃得百世而常存。

西方科学，则贵在能发明，即知人之所不知。其所发明，主要则在物理上，故重客观。中国人则重在一己性情之发现与践履，重在心理上，故重主观。而人心相同，故主观亦即客观。此又中西一大相异处。

四

西方个人主义各为己私，私与私相争，求解决，乃尚"法"。法从何来？乃贵民主多数由公议而来。但其多数，由中国人言之，即为一"俗见"。且亦仅限制于一国之内，而其国又必是一小国寡民，更无所谓天下。不得已而有国际之多数，但今尚未真能到达此境界。如今美、苏核子弹之争，仍得由美、苏两国自求解决，岂能由国际会议来求得一解决？则"民主"与"个人主义"，岂不亦成一相反？其实法律与个人主义亦正相反。西方文化岂不其手段与目的正相反？此所以终必成一悲剧。

中国人则"法"之上尚有"礼"。礼分宾主，双方对立并存。实皆个人，而融成一体，而"己"为之主。故礼以己心为主，由主观，不由多数，非客观。"尚礼"与"尚法"，此又中西文化一大相异处。

中国人有"敬天"之礼，行礼之"主"仍在"己"；所敬之"天"亦为"宾"、为客，非得为礼之主。孔子曰："祭神如神在，吾不与祭如不祭。"则虽天之高明，地之广大，亦由我之一己之心为之主。西方个人主义，惟尚法，无个人。凡个人，皆受法统治，更何论其对天与地。西方人对付天与地者乃科学，但其能力亦有限。岂如中国人之礼，天地亦为之宾，故中国人有礼乃可无宗教。其实西方宗教亦仍以上帝为主，不如中国人之礼，乃以己为主。故中国之"为己主义"即个人主义，其意义与价值，在此方面实可谓乃远胜于西方。

中国人尚礼重主观，此主观亦在心，不在物。故中国人一切权衡皆在"心"。西方人则一切在法，权亦外于己，非己心之所能主。则所谓个人主义，其果何在？此实大值商讨矣。

一切"可指"皆属物，不属天。西方宗教如"上帝"，亦属可指，亦当属"物"不属天。中国"天"字，乃本人心之主观。中国人教人尊天，乃教其心之主观，非以客观之天教。由中国人言之，则天亦惟在我心之主观中，客观之天，则除物质外，无可言。即如中国人言父母，亦只言吾心中之父母，即吾心之主观。非有吾心之孝，又何来有父母。若只求客观，则父母亦同是一人，同只一身，与我无甚深之相干，此岂孝子心中之父母？故孝子心中之父母，亦即如一天，同出孝子心中之"主观"。不能除却己心，只凭客观以西方之科学方法求之。此不可以不辨。

西方哲学中有"唯心论"，此谓天地间一切皆非物而是"心"。此心亦非中国人之所谓心。中国人主张物是物，心是心，而一切心与物皆可为"客"，而由"吾之一心"为之"主"。孔子曰"七十而从心所欲不逾矩"，此乃孔子一己内心之自由，并非如西方唯心哲学之心。此乃中国人所主张个人主义之最高境界，此一境界，乃中国人心之同所想望而非尽人之所能达者。

颜子所谓："如有所立卓尔，虽欲从之，莫由也已。"即指此境界言。今以之谓此乃中国人之个人主义，实则即犹如天。其然岂其然？盼贤达者自加明辨之。

五

今再回就西方历史。西方人以个人主义之发达，而酝酿出近代工商业资本主义之成就。共产主义之兴起，乃其一种反动。但其同为一种"物质主义"、"个人主义"，则并无二致。

今果使美国资本主义不消失，则苏维埃之共产主义亦难弭平。而如当前之英国，则罢工运动继续不绝，往昔之资本主义已日就消退。而如当前之法国，则共产党员已成为其一国之元首。然则西方文化之趋势，惟有如当前之英、法，资本主义与共产主义两俱消化，庶为可能。

果苟如此，前途又当何如？当惟有仍保守其个人主义，而或能转而化为中国式之个人主义。则世界人类生活，岂不将趋于"大同和平"，"天下一家"，庶乎近之。

余幸得生而为一中国人，言念及此，亦惟当求"从心所欲不逾矩"之一明训，一大教。此当非余一人之幸，实乃全天下人类共同幸福之可寄。企予望之，企予望之。

（一九八七年八月作，刊载于是年十二月《动象月刊》十二期，此文发表后，又重作修订。）

八　中西政教之分合

一

西方文化"主分"，中国文化"主合"。一切皆然，政教亦无不然。西方政教分，中国政教合，乃为中西文化传统一大相异处。

耶稣唱教，谓上帝事上帝管，凯撒事凯撒管。耶稣乃犹太人，凯撒乃当时罗马行政首长，犹太人亦在罗马统治下，故耶稣虽唱为天主教，但不能管凯撒事，此乃当时一权力限止。而凯撒则仍管耶稣，钉死之于十字架。此为西方政教分一大来源。

此下欧洲国家皆承罗马帝国来，各国元首无不信耶稣教，而亦无不继承凯撒。乃正式形成一"政教分"之局面，政之外能有教，此亦可谓当时西方一进步。

如今美国，大学最早全由教会创立，如哈佛、如耶鲁皆是。

其建校全在美国开国前。美国总统主持全国行政，大学则不在管辖下。美国开国已两百年，逐渐有州立大学之创建，但迄今仍无国立大学，此为西方政教分一显证。

至于中小学，则称国民学校，此制乃由德国人发起。为一公民，必受国家共同教育。此下欧洲国家相率模仿因袭。此见政教虽分，而终有其不当分而当合处，亦即此可证。

二

中国人主政教合，但究当"教合于政"，抑"政合于教"？其间亦有歧异。

孔子志在承袭周公，其门人谓："学而优则仕，仕而优则学。"孔子本一平民，苟得志而仕，最高希望亦仅得为周公，不得为尧、舜、禹、汤、文、武。是孔子所主政教之合，乃"教合于政"，政为主，而教为从。学术当求合于政事，而政事为之主。故及其老，乃曰："道之不行，我知之矣。"此乃孔子自知其无望于政治，故其告颜渊曰："用之则行，舍之则藏。"谓若得用于政，则行道于天下。苟不获用，则惟有藏道于身。其终生从事教育，乃亦其藏，非即行道于天下。故曰："学而时习之。""有朋自远方来。"而继之又曰："人不知而不愠。"虽学徒群集，而终不能行道于天下，故曰："道之不行。"是孔子意，教必待于政而其道始行一明证。

下及汉武帝，表彰五经，罢黜百家，孔子儒学乃大行。汉高祖得天下，本约非刘氏不得王，非有功不得侯。所谓功，乃指军功，即助汉得天下者。而汉武帝独起用东海一牧豕奴公孙弘为相。既拜相，乃封侯。此下汉室遂从高祖以来之军人政府而完成为一"士人政府"。非治儒家孔子之学，即不得仕于朝。但政学合，实自秦始皇帝已然。

秦始皇帝统一天下，李斯为相，乃楚国一儒生。齐国人蒙恬为将，始皇帝太子扶苏，乃在蒙恬军中为一僚。其焚书案亦从宰相李斯议，是始皇帝时已政学合，惟学术之主不在儒家。战国时，已有"士贵王不贵"之理论。此皆中国文化传统主"政学合"之明证，而求其所由来则甚远。惟周公以上，政教合主要在"天子"；周公以下，政教合主要乃在"相"。不同在此而已。

自汉武帝表彰五经后，即有朝臣言"自古无不亡之国"，乃劝汉帝早求禅让。其实中国在封建时代，国之上尚有天下。秦室统一，一国乃即如一天下。此所谓"无不亡之国"者，乃指天子中央政府言。但此下汉室之亡，非即中国之亡。二十五史屡见王朝兴亡，而中国之为一国，则常存不亡。故顾亭林言："有亡国，有亡天下。国之兴亡，肉食者谋之。天下兴亡，匹夫有责。"此谓亡国，即指中央朝廷言。亡天下，乃指民族文化传统大道言。在当时，明室已亡，而天下犹存。所谓"天下"，实即指中国，此又不辨而可知。

但既有"国"与"天下"之分，国之重要性偏在"政"，而天下之重要性则偏在"道"。故政学相通，有时可指国言，有时则指天下言。一国政府之亡，非即天下之道即其民族传统文化之亡。政府虽亡于上，而其道则尚存于天下。如明室之亡于满洲，非即中国之亡即是矣。

其实远在春秋时，列国诸侯周公之道已亡。而尚存于孔子之门。孔子聚徒讲学，所讲即周公之治平大道。于是而政学相通之机关所在，乃亦有所转变。其先如孔子，所讲之政学相通，其重要点乃在上在政。此下则渐转而为"百家言"。政学相通之大义，乃全转在下不在上。

唐韩愈《师说》已言："师者，所以传道授业解惑。"则师之所在即道之所在，政学相通，亦可谓其先乃通于师门。故韩愈又谓："师不必贤于其弟子，弟子亦不必不如师。"则师弟子之相传，主要即在"道"。今如以周公为师，孔子为弟子，则孔子之道，岂不犹胜于周公。此其说，下迄宋代而大显。

周濂溪教明道、伊川二程兄弟"寻孔颜乐处"。道不行而藏于孔、颜之身，而孔、颜之心则有见其大乐。能得其乐，斯亦其道之不亡矣。如是则政学合，乃转而合于一在野学者之"心"，非即合于在朝之君相。合在"学"，非即合在政。周濂溪当荆公变法上下相争时，发明此一大义，实即中国传统文化自孔子以来一千余年一大发现，一大进步。二程承之，宋学遂兴。而中国此下之士气与政风，乃亦从之而大变，此尤值加之以深论。

二程同时尚有张横渠，其言有曰："为天地立心，为生民立命，为往圣继绝学，为万世开太平。"此其主张政通于学者，乃益显。下迄南宋，论及朝廷政治，则益不如北宋。而论及在野之学术大义，则有朱子其人者出，其学乃更显更大于周、张、二程，可谓其"集理学之大成"。朱子又有《论》《孟》集注、《学》《庸》章句，定为四书。简要明白，实远过于以前之五经。而当时朝廷乃亦以朱子与北宋程伊川同列为"伪学"。此益见政学合之主要乃在学，不在政。"政"乃当代一时事，"学"则传统长流，可大可久，益进益通，其道无穷。

三

当时陆象山与朱子持论异，世称象山为"心学"，朱子为"性学"。西方个人主义亦可谓即心学。性学则"通天人，合内外"，非个人之可尽。故论"心"，必求其能通于"性"。犹之论"人"，必求其能合于"群"合于"天"。论"政"，则必求其通于"学"通于"道"。故朱子必求"政学合"，而象山则可求此心离于政，此乃一大相异所在。换言之，就象山言，天下太平即可于己之一心求之。而朱子意，天下太平则必推己以及人，由心以及性。亦必由政以及道，乃可得其至正宏通之所在。

明代有王阳明，理学家乃分陆、王与程、朱。阳明讲"良知"，亦如象山之重心。但阳明必劝其弟子出而应朝廷考试，而不求离政以言道。其弟子王龙溪、王心斋皆拒不应试，仅求在野讲学，亦可谓不主政学合，乃主政学分。迹近于西方之个人主义，而其所讲之道则益大益广，亦可谓乃由个人而径通于天下。若必求政学合，则己之所学有时不免乃为政所限，转不如阳明弟子二王之学之所达矣。

今按二王之学，主政学分，不待在上之有王者兴，而天下自臻于大道。使二王而生于当今之世，宜亦同意于西方政学分之主张，而欣然有会于其心矣。

其时有抗其说以起者，则为无锡顾宪成、高攀龙之东林学派，主学必通于政。朝廷大臣起而应之。乃有所谓东林党，于政治上掀起大波浪，而明代终亦以亡。同时有刘蕺山，虽亦自称治王学，但因蕺山亦浙人，特因其风顺其势而云云。其学则宗在东林，亦主政学合，不主分。此下黄梨洲即承之而起。至如顾亭林、李二曲，则皆与东林有关。故顾亭林有"亡国""亡天下"之辨。国之要在"政"，天下之要在"道"。论学而重道，自当主政学通，不主政学分。而学则尤在政之上，此则自北宋周、张、二程以下而即然矣。

四

论天下亦必仍言政。尤其如言："非我族类，其心必异。"则言天下大同，非可即忘民族心性之相异。此层亦当深论。

清儒有吕留良，其为学乃可谓深明民族大义，即以注朱子四书，供一般应朝廷科举者参考，而大张其挞伐满清异族之深心。湖南有人读其书，走告陕督岳飞后人岳锺祺，劝其反清。案发，吕留良发棺戮尸，举家贬关外。清廷又特举其生前相识一低位知县官陆稼书升孔子庙，遂引起在野学者之不满。

时有戴东原，乃以徽籍一举人，受乡里排斥来京师，依附朝贵，大唱其训诂考据之学，为《孟子字义疏证》一书，排斥朱子，以汉学考据辟宋儒义理，谓其皆妄言失据，一时遂有汉学兴起，与宋学相抗衡。

其实清儒汉学，乃以反宋学，其用意乃在反朱子之《四书集注》与《章句》。其内心用意乃在反清廷之科举考试。亦可谓乃出于当时学者之一种民族心理。而一时学风乃群尊考据，鄙薄义理。其实宋儒言义理，何尝菲薄考据？而汉儒之考据，又何尝菲薄义理？今以义理考据分别汉、宋，此实清儒时代风气之偏见，而其内心深藏，实亦有一种民族感之潜意识存在。但论戴东原其人，则远不如吕留良。论其内心之深藏，在东原之一己亦不自知。苟非加以一种深切明白之考订，又何以掘发其一时议论之由来？

但宋儒义理既经排斥，而汉儒考据则无当实用，于是乃有公羊学之兴起。其实清儒之公羊学，即亦主政学合，决不主政学分。而下迄清末，康有为乃以"今文经学"之公羊学而主保皇变法，不主排满革命。此主张之是非得失，实不值商讨。但康氏实亦主张政学合，则仍是一旧传统，惜乎康氏一己亦未能畅言之。

孙中山先生起，始唱"三民主义"，尤为中国传统政学合之一新发现、新创造。故其所讲演，乃与西方学说大背其趣。如其自居为一党之创始人，乃先知先觉；谓其党人乃后知后觉；而党外民众则为不知不觉。此尤与西方政党之组合大相违背达于极端。今日国人则偏向于西方之政学分，乃不敢称道及于中山先生，更不论于引伸而发挥。

五

今再言西方古代，如希腊不能自建为一国，此事人人知之，可勿详论。如罗马，意大利人，岂得自视为与罗马人同一国？其他意大利半岛以外人，又岂得自视为与意大利人同一国？当时乃以军力合成一帝国。就实论之，实非中国传统之所谓"国"。征服地与被征服地，显有甚深的区别。国不啻即如一天下，而实亦非一天下。故罗马帝国之覆亡，其被征服地之获解放，决非如中国在一国之内有朝代之兴亡。

即如近代美国与加拿大、澳洲，本同是英国殖民地，一旦解放，同谓兴国，同获平等、自由与独立。如印度之于英国，亦获得其平等、自由与独立之地位，而大英帝国则仅有失而无得。如今全世界，苟使人人同获其自由、平等与独立，则决有其失者，而失者固为谁？

如中国，则自黄帝、尧、舜以来，历史绵延，疆土日廓，乃独常有得，而不见其有失。如舜之兴，未见为尧之失。禹之兴，亦未见为舜之失。更如汉之兴，亦未见为秦之失。唐之兴，亦未见为隋之失。秦失而为汉，中国之为中国则自若。隋失而为唐，中国之为中国又自若。故一家之存，而祖父子孙则可不断有死亡。死亡之与承续，乃得合成一氏族之绵延。中国二十五史，朝代兴亡，而中国之为中国则自若。此如孔子以来，子孙相承已七十余代，而孔家之为孔家则自若。故父与子虽有别，而其分别中自有其共同处。政与学之别与同，亦大率如是矣。乌得因其有别，而不认其有同。

<h1 style="text-align:center">六</h1>

西方与中国之相别，乃在其文化。文化在人，非属天。如希腊人至今犹存，罗马人亦然，此皆属天。西方宗教亦如此。故西方人心中常有一上帝，一天堂。虽亦同有一世界，但世界终有一末日，而上帝与天堂则自若。西方人之政学相异，实乃一"天人相异"。如西方科学亦属天，不属人。如原子弹虽杀尽一世人，而原子弹之科学原理，则岂不当仍存在于天地间？此在西方乃谓之"客观真理"。此亦学与政分别相离之一证。

故西方人论学，或崇宗教，或崇科学。愈近人，则愈见其不尽然，而无可恃，如是而已。故西方文化自中国语言之，实可谓乃"有天无人"，天人不相合。中国人则主"天人合一"，人当合于天，天亦当合于人，乃始无憾。

今言政与学，自文化浅演民族言，当以政为主、学为从。自文化深演民族言，则当学为主、政为从。今日西方可谓已是文化深演之民族，故可以有学而无政。若其能然，则当为西方民族一大幸。如科学日有进展，而政治则全归消失，不再有国与国之别，此非人生一大幸乎？

倘人生果能离于政而日进，个人相别，而天下太平，世界大同，此在中国，有庄子乃作如是想。《庄子》内篇七篇，首《逍遥游》，由鲲而变为鹏，乃可由北海以达于南海。其实今日科学发达，一架飞机即可周游五大洲。庄周之逍遥游，已人人可得。如是则何赖有国别？无政治分别，而亦同时可无学术分别。

故《逍遥游》之下，继之有《齐物论》。如孔子，如墨翟，自庄周视之，皆可齐论，则其别自消。一切皆平等，则自由独立惟其所愿。

其次乃有《养生主》与《人间世》。人生惟求一存在。惟"存在"与"消失"，不可得而齐。故"养生"与"处世"，乃人生主要事。既主养生，又主处世，此则与印度佛教之必求离家出世乃大相异。既求出世，则不如无生。然果在世；则必明明德。求明明德，又贵有大宗师。既主有大宗师，则必仍主有"学"。

但既有"大宗师"，亦仍有"应帝王"，则人世间一切如学、如政，庄子皆所不废。惟其应帝王者乃"浑沌"。是非邪正，高下得失，皆不加分别，正如此乃始得为大宗师。

庄子又言，"南方之帝曰儵，北方之帝曰忽"，其言"儵忽"，是庄子虽亦知时间，而不加重视。此若与西方文化大义虽终有异而近似于同。儵忽乃可归于浑沌，而西方文化不重时间，惟求儵忽，不求浑沌，此则与庄周异。

荀子评庄周，谓其知有天而不知有人，此亦犹西方之尊自然而忽视了人为。故亦可谓庄周乃中国文化传统中主张较近个人主义者。老子继起，则又稍异。

老子言："同谓之玄，玄之又玄，众妙之门。"其主"同"，非如庄周之必超万物以为同，乃即在万物之相异中求其同。故又曰："失道而后德，失德而后仁，失仁而后义，失义而后礼。礼者，忠信之薄，而乱之首。"若谓惟天有其道，则老子意，失于天者不远，而亦尚可有德与仁与义。其谓至于礼，而天下始大乱。如政治，必有君臣上下之礼。而西方则弃礼而言法。其实法之求同，尚过于礼，当更为乱之首。故孔子曰："听讼吾犹人也，必也，使无讼乎。"西方人则只知听讼，仅言法治。自政学分论之，则法在政，不在学。故西方言政，只重法，不尚学。

法非学，究当谓之何？惜今尚不闻西方有人讨论及此。又西方大学中自有法律学系，亦自有政治学系等，则见西方亦尚知政当有学。但乃学于政，而非本于学以立其政。

又西方大学皆原始于教会，此亦西方政学分之来源。然最先教会设立大学，只有律师与医生两科，是教会之言政，亦仅知有法律。医学迄今仍在科学中，则法律之在西方亦当如政治之有医学矣。故西方之言政治，乃若仅知其有害，尚多于其利。

其实西方宗教亦不得谓之学。仅主信仰，非学问。故从西方传统言，当言信与学不同，尤要于言政与学不同。如宪法，如刑律，皆需学习，皆可讨论，并亦各有学校分科设教，而终必谓之政教分，盖必本于政以为教，而非本于学以立政，其政与学之别乃如此。

七

西方人何以必言政教分，因西方人最贵言自由，而政治则专重法。故言民主，即法治。但一切学问，当决无成文可守，亦决不言法。即从教会言，从学校言，亦均各有法。如大学肄业几何年得毕业，又几何年得入研究院，岂不皆有法。今从西方一切大学之法定言，又岂得谓大学法与政治民主法不同。其不同，究何在？中国人言学，则转无法。如从师，几何年始获毕业，又何年始得从师入学，在中国皆无法。其他类此者尚多，不胜举。如孔门分四科，曰德行、言语、政事、文学，此乃孔子自言之。非如西方之有法定。故颜渊入孔门，非即进德行科。子贡入孔门，非即进言语科。则可谓西方人之从学必有法，中国人则无法可言。岂不显臻明白乎？

西方尚个人主义，一切信仰学术皆贵自由，独民主政治则必尚多数，重法律，非可仅言自由。故其言政，则必与学相分。然则西方政治，正见其不合于其自己之崇尚个人自由之文化大传统。若必求合，则不如言无政府主义，不如仍归于古希腊。中国传统文化则尚大群主义。君者群也，政治乃群道中最高之一种表现。中国政治不尚法，乃尚礼。"礼"即人生之大群体，吉、凶、军、兵、嘉五礼，无一非大群相处之道。其大本大源，则在一心之"仁"。故曰："人而不仁如礼何，人而不仁如乐何。"礼乐皆从人心来。人心有仁，乃有礼乐可言。刑法则其不得已。

此则政与学，岂不一本于人心。求仁而得仁，又何分异之可辨。此则中西双方文化大本大源相异之所在，岂仅名言之分乎。

近人又谓人类中无圣人，故主政学分。耶稣教即主人生原始罪恶论，与中国人之主张"性善"有大不同。此乃文化上另一问题。必谓人中不得有圣人，此则大背中国人心性之自信。其中深义庶不于此赘言。读者其试反己以求之。

（一九八七年六月作，刊载于是年八月十七至十九日《联合报》副刊。此文发表后，又重作修订。）

九　天性与学问

篇一

《论语》孔子曰："十室之邑，必有忠信如丘者焉，不如丘之好学也。"是孔子重视"学"，尤过于其重视"性"。故其弟子言："夫子之文章可得而闻，夫子之性与天道不可得而闻。"文章所言即指学问人事，亦即涵有教育意味。至于性与天道，下至孟子始昌言之。《论语》则仅言："性相近，习相远。"是其重后天之"习"犹过于重先天之"性"亦可知。

西方人好言"专门"之学，与中国传统中之"通德大道"不同。姑举近人为例，如美国大总统雷根，其少壮曾从业于电影。孔子十有五而志于学，三十而立。雷根之立，当在其为电影演员时。乃又转业政治，被选为州长。论其年龄，当已在孔子不惑知命之年，及其出任美国大总统，则已近孔子从心所欲不逾矩之年。试问雷根之从心所欲与其早年之从业电影，先后之际，有关无关？在其总统任内，多遭美国民众反对。其他是非且不论，专论其对吾台湾人，依人生大道论，可谓已违众望，绝非群心之所在。即其赴中国大陆，亦又何曾得中国大陆之众望？其对中国如此，其对他国亦可推知。要之，雷根不得谓乃当前美国理想一总统，则不待深论而可定。

西方人凡事"尚分"，凡业"尚专"。政治人物亦贵分，亦贵专。但又尚多数，尚合一。故凡一切学业专家自贵其专门者，均不宜上政治舞台。惟不学无术，乃肯听从多数，乃能胜任而愉快。美国立国两百年，总统当达五十任，最先华盛顿开国，功成身退，可谓一难得人物。其次惟林肯主张解放黑奴，引起南北战争，在历任大总统中，乃为最有主见有贡献之一人。但功成身退。至今美国人与黑人显分畛域，各有界限，此岂林肯当年主张解放黑奴之所望？其他各总统四年一换，连任亦仅八年，在如此短暂时期中，又岂能有厚德大功可言？美国之获有今日，可谓乃欧洲小国寡民迁居北美大陆，形势大相异，乃得有其特出之表现。然美国亦一民主国家，众意所趋，仍在各自富强，不能如中国之重大群全体，重和平安定，求圣求贤，求德求道，乃重少数杰出之人才。

多数求富求强，有时可盛，但经久则必衰。及其衰，则无可再振作。于何证之，即证之于西方本身已往之历史。远自希腊、罗马，迄至近代英、法诸邦，无不皆然。即如当前之美国，其势亦已然。欧洲两次大战以后，美国一跃而为世界列强之盟主。然美国实亦已臻于衰境。先言强，在前有南、北韩之战，次之有南、北越之战，大队美军面对北韩、北越，皆弱小不足道一敌人，而久战后均仅得一和局。今则其在南、北越可谓已全归失败。其在南、北韩尚犹相对抗衡，未臻定局。此其衰已可知。

次言经商财富。最近数年来，美国亦继续走下坡路，衰象显见。何得复盛，尚难预估。美国史与欧洲史究竟无绝大不同处？迄今亦尚少人论及。此则诚可为美国前途一隐忧。

西方社会一衰不复盛之主要原因，在其一切皆求之在外，求之他人。不如中国之求之己，求之内。今美国之经济衰退，亦必有其内在之主因，而美国人则一切责之外，惟求对日、对台、对韩作种种要求，而不知如何对己，以善自为谋。此即当前最具体最真实之一例。要之，求之者在己，一切所求皆在外。依中国人言，"己"则大本大源之所在，岂可反置而不问？

当前中国之病，则在一意崇慕西化，亦仅知求之外，不知求之内。先则一意崇美，但终未有得，抑且不胜其有失。乃又转而求之苏联，其弊乃更甚。今则一国分而为二，一尚美，一尚苏，而终不见国是之所归，盖已不知内在一己之犹存矣。继此以往，或美或苏，将终不知其何所归。或曰，中国之旧之老，乌得重运用于当前。不知老与旧可"变"可"新"。其变其新，其要则仍在己，不在外。惟知外，不知己，则又何变何新之有？

今当论中国之老与旧，乃属"人事"。人事之前尚有"天命"。人事则自强而日新；父母老，子女继之，此则有天命。西方人有国无家，实即只有人不知天。其天则一归于宗教。中国则"天人合一"，家国合一，父母子女亦一贯相承融为一体。天命即在"人性"中，故不言老与旧，但曰："苟日新，日日新，又日新。""天命维新"，此乃中国民族悠久生命之所寄。其中深义，能稍读中国史便知，又何老与旧之可忧与可悲！

天命何在？曰，即在各自家中之子女身上，决不外在。然则何以教我之子女？曰，先教其孝。父母即子女之天，近在己心，不在天国与上帝。移孝作忠，修身齐家，乃可治国，抑且可以平天下。"反之己"，而即得之。不内求之己心，而惟外求之于宗教、科学与哲学，抑又求之于西方之则富与强力，更又求之西方之法律。皆非生命所在，全出人造，更何天命之有！

或疑中国之慈孝，又何以敌西方之富强？不知西方富强日在变，上古之希腊、罗马，当前之英、美，无不日在变。中国慈孝，乃"常道"，历五千年不变。人事可变，道则必常，此下当可更历万年仍不变。西方现态，乃一时偶然。中国常道，则可与时俱新。

今论中西文化大相异处，西方个人主义不得成为群，其成群则端赖法。法即以防制其小己之自由。中国则大群主义，家、国、天下相和合，此谓之"道"。修己以道，乃得以己身融入于大群中，与西方之法大不同。当前台湾崇尚西化，已能列入已开发国家中。然在此一年之内，子女亲手杀其生己之父母者，已在三次以上。司法者目之为神经病，乃不加严刑。其实中国之不能如西方，正为尚有此古老之家庭，尚有子女孝父母之旧观念之留存，尚未真到达西方个人主义之境界。其然岂其然？则待吾中国人之能自扪己心，庶自知之。

倘谓西方人亦知"常"，则惟宗教之上帝。但上帝之独生子耶稣乃犹太人，非欧洲人。犹太人尚能知有群，但不能知有国。故耶稣唱教，乃谓上帝事上帝管，凯撒事由凯撒管。美国短短两百年，已有五十任凯撒。凯撒既倦，谁来管凯撒事？在欧洲人中，惟英国似乎比较尚能知"有常"，因此英国尚保留有一不管事之王室，能比较不遽倦，故获较长时期之绵延。此下欧洲人，真不知须变向何处去？人事不可知，则惟安心以待之而已。

或问苏俄当如何？窃谓苏俄居欧洲最寒地带；比较最少变，或能延期稍长。但最寒地带，亦终非人类所常居，故虽常而终不安，则亦仍不能常可知。

今再反就吾中国言。英、美人现已知倦退，或继之而苏维埃人亦知倦退，则中国人百年来崇外媚外之心理，亦将失其所向往。傥能由此而反就己身，重返于修、齐、治、平之传统大道，则不仅吾中国人再有文化复兴之望，或亦可播诸海外，使全世界人亦能同有所向往。则实不只吾中华民族之大幸，亦使全世界人类同沾其泽，同向和平统一之大道上安步向前。吾幸而得生为一中国人，又不幸而生为一当前之中国人，诚不禁其馨香祷之，企而望之矣。天乎！天乎！其终将不负于此心，则五千年来之往圣先贤，固已期望之久矣。此心即天心，天其将终不负此心，则又何份外之求乎？孔子七十而从心所欲，全世界人类其亦七千年而得从心所欲乎？企予望之！企予望之矣！

篇二

人类天性有"同"有"异"，有其大同处，亦有其各别相异处。举其著者，如伊尹圣之任，伯夷圣之清，同为圣人，而"任"属积极，"清"属消极，极端相异。柳下惠圣之和，"和"则居任、清两端中。

任与清各一极端，亦惟极少数人能之。和则在两端间，非任、非清，似为一种平庸之"中道"，应较为众人所能，故曰："用其中于民。"故中道亦可谓即"庸道"。其实中国传统文化，此下历史人物似乎乃极少伊尹与伯夷，多属柳下惠之和，此即所谓"中庸"，亦可谓乃大众之"常道"。

但柳下惠除《孟子》书中偶此提及外，其他古书中亦少提到，正证其较常较庸，不能与伊尹、伯夷相比。中国之所谓"圣"，本亦不能与常人相拟。如尧、舜、禹、汤、文、武、周公，此岂常人所能及。孔子一生勤学，开门授徒，弟子七十余人。如孔子，乃始为常人所易及。故孔子实亦非任非清，即似三圣人中之柳下惠。而此下遂群尊孔子为"至圣先师"。其地位意义价值，乃若更超尧、舜、禹、汤、文、武、周公古代诸圣人之上。故中国人常兼言"中庸"，"中道"即是"庸道"，乃必从绝大多数中表现出极少数之人物来，此亦所谓"执其两端用其中于民"。其义深细，又谁欤识之。此亦即中国文化崇尚"中和"之道之一证。

其实西方亦何独不然。西方人崇尚个人主义，最多亦只道中之一端；群体则为西方人所不知。犹太人似知有群体，如耶稣唱教，亦即世界大群主义。又如最近马克思提倡共产主义，亦可谓又是一种大群主义，或即世界主义，乃为古今欧洲人所不及。但此两犹太人唱导，终不能不顾及外面多数之欧洲人，挟有一分退让心。如耶稣言"上帝事上帝管，凯撒事凯撒管"，实即对当时罗马人一让步。但此一让步，却为耶教留下莫大毛病。又如马克思提倡共产主义，却又主张"唯物史观"，此亦为对当时西方人一让步。但此一让步，亦留下莫大病根。则所谓执其两端用其中，实乃一至难之事。难即难在其所谓"中"处。

如最近全世界提倡运动，各式各样比赛不下百种。此种运动会，可以使全世界异种异国人共聚一堂，相互作竞争，和平欢乐融洽如一家，非不为一佳事。但每一运动必争胜负。运动究当与竞争异。提倡竞争，绝非一佳事。两事并作一谈，诚可谓执其一端矣，乃不胜其为害，此又谁欤知之。

运动会之外，西方人主要生活乃在商场上。中国古人日中为市，以己所余，易其所无，各得所需，交易而退。此则中国古代商业，岂不极合人生之需要。迨后渐变，但"信义通商"，"言不二价"，仍与西方古代希腊相传以来之商业，性质有不同。而如汉代之"盐铁官卖"，正合于近代西方人之所谓"国家经济"政策。故中国汉、唐以下，国内国外经济通商，非不茂盛，而商业终居社会四民之末。与西方商业可谓正走了相反之两极端，此又当为中国传统文化一特征。

又自唐代以下，国家考试取士，应考者必须呈报身家清白。所谓"身家"，自祖父及于己身，共三世。所谓"清白"，即未尝经营商业。苟其三世中或曾经商，即不得应试。其警戒严厉有如此。岂不堪为中国传统文化一特征？

孔子曰："十室之邑，必有忠信如丘者焉，不如丘之好学也。"忠信即属"天性"，运动会竞赛与市场经商皆需"学"，但与孔子之学则不同。观于本篇上所引述，亦可见中国人之所谓"学问与天性"之所在矣。此为讨论辨别中西文化异同者，所不可不知，故特举此言之。

篇三

孔子曰："性相近也，习相远也。"《论语》此八字，可谓已说尽了全世界人类，自古迄今，生活大同，文化相异之大概情况，而无所逃逸。即如欧洲古希腊人，何尝非自幼即由其父母养育长大，则其家人父子之慈爱心、孝弟心，岂不亦当与其他民族相类似，而无所违异。但希腊人居住半岛上，以出海经商为业。商人重利轻离别，不论父子，即夫妇亦常相阔别，故其婚姻则曰"恋爱自由"，其人生则主"个人主义"，此皆限于其居地之习惯，何尝是学术思想有以致之。所谓哲学，仅对此等情事加以回护。所谓文学，则对此等情事加以夸张，而遂以成其一时之所谓希腊文化。与其他处民族文化之主要相异，多在"地"不在"天"。

但古希腊人不仅没有天，实亦没有地，而成其所谓自古相传之个人主义。同时有犹太人，乃与希腊人大不同。犹太人亦同样未建一国家，同样到处经商，但与希腊人有一大不同处，即犹太人并非个人主义，而每抱有一"大群"观，四处播迁，每举群而往，其个人生活均不离其群。如其迁往埃及，乃亦举群而往。直至于今，希腊人仍居希腊，而犹太人则遍历全世界，而亦无不成群。故希腊人尚守"个人主义"，而犹太人则多"世界主义"，此乃两族人文化传统上一绝大不同点。

其实欧洲人之文化莫不自希腊开始，故亦同为个人主义，其中亦有世界性。前之如耶稣之基督教，后之如马克思之共产主义，实同具一世界主义，而亦同出于犹太人。其文化之大风涛，起伏迁流有如此。

罗马文化实亦自希腊文化来，但虽罗马、希腊同属一半岛，而其四周环境则不同。罗马乃自海外经商而转为整军经武之帝国主义。其与希腊人之大不同处，不在其先天之人性上，而在其后天之环境与习惯上。此层易于推论，不烦详及。

欧洲何以自罗马帝国以后，又来一中古时期？此乃由岛国转向平原陆地，亦属地不同，性不同，而其习亦不同。此下又从沿海城市之文艺复兴，而最近世之欧洲新国家，始再由古希腊、罗马之遗型转变来。

其先由葡萄牙、西班牙，此正犹希腊、罗马之由一海岛小地面开始。继之乃演变出法国、英国来，则如罗马之形成为一帝国，而与其中古时期北方之大陆封建，则情势有不同。居地变，生活习惯亦随而变。

然论其人生天性，则人生必有家庭父母。家自天来，性情亦应无大不同。故大英帝国之殖民地，遍于五大洲，日光所照，必见有大英国旗之飞扬。但英国人终以英伦三岛为其家。其在异地实仅是经商，非殖民。如其在印度与香港皆然。惟其至北美洲，在美国与加拿大，又如在澳洲，皆到少人居住处，其情形乃大异。乃始举家而往，成为迁地移居。

今谓欧洲人推行个人主义，其实如前说，又何尝是个人主义。亦可谓其与中国传统之家族主义实无大分别。此则孔子之所谓"性相近"。惟其如此，故英、美两国实无大不同。惟英国人居海岛，而美国人则居在大陆，虽亦同属经商为业，而美国自开国以来，至今两百年，全国已达五十州之多。一美国人在其国内经商，到处所见尽是美国人，全是美国家庭。此与英国人之出海经商，或则一人出海，所遇所值，皆绝不同。在其心理上亦当有大相异处。故美国自开国以来，至今仅两百年，而情势已与原先之英国人有大变。稍究人类天性，在其人情相类似处，亦不难加之以说明。

美国最先只有十三州。此后又扩大，自北至南，自东至西。成群结队而往，实与英国人出至印度或香港经商大不同。但习焉成性，久后则心理变化，终有其大相违异处。美国人心不忘其由来，时时须取法于其祖国英伦。因有哲人杜威谓"真理须如支票向银行兑现"，其意乃指真理须从实际经验来，非从模效来。国人胡适之尊师杜威，乃一意模效美国，谓乃振兴中国之惟一道途，则又大失之矣。故自人情之常言之，一英国人赴印度，与一纽约人至旧金山，论其内心感触上，实有大不相同处。

余尝在美国纽海文耶鲁大学任教，遇其校友返校纪念日，每隔十年作一分别，如一九六〇与五〇、四〇等毕业生每同年返校。是年所遇返校者，多有高年至八九十岁者，远自西部南部来；遍访往年故居，兴味不倦。于幼年时肄业一学校，其感情有如此。试问其于幼小时所养育之家庭，其情感又当如何？余每与美国人宴会相聚，彼等问余必属中国家庭事。言辞间，彼辈决非不知家庭之可爱，父母兄弟姐妹之可亲，此亦人之常情，凡属人类无不同然。即其他禽兽同此性情者，亦非鲜见。一旦时移势易，家庭旧感情忽然复活，此非不可想象不易想象之事。惟英国人仍居海岛上，则与移居大陆之美国人，宜有不同，如是而已。

商人重利轻离别，此乃一时之习俗，决非人类之天性。又人类爱乡居，不爱城市，此亦天性。中国乃一农业民族，尤爱田园诗，历两千年之久而勿衰，实远胜于城市诗。此事尽人皆知。今日国人则讥此为守旧。其实每一人之天性皆属旧。使其回念幼年生活，无不乐于流连徘徊，有不堪回首之叹息。此则人情皆然，无可生疑。今美国远自四百年来，已显为一大陆人，即显不愿再为一岛国人。即如一英国人，亦决不愿再为一希腊人与罗马人。今人乃谓人心好新，其实亦无不好旧。谓其喜变，实则亦喜常。今以一生历五千年文化传统之中国人，而心中忽喜为一欧美人，此诚丧心病狂一悲剧，天生人性断不如是。

又如一贫穷人，生活不能自足，出外经商牟利，此犹可说。若一富有人，仍不知居家享福，仍求远出经商，则所为何来？今美国人已为世界首富之邦，则亦宜其倦而思返矣。

商场之外有战场，乃更系不得已而起。罗马之帝国主义，亦由外面形势逼来，非由其衷情自然兴起。美国既安且富，欧洲忽起战争，英伦乃其祖国，美国之远道出兵相助，此亦人性宜然。实则美国自离英独立后，即已是一和平民族，非一好战民族。及欧洲两次战役皆获解决，英国皆其优胜者，人心易倦，不再有以前勇往直前之勇气。但美国人自经两度参加欧战后，已成为世界第一强国，遇事不宜坐视不问。而其内心深处，天性所在，则又决不喜多问外事，更不论参加战役。近之如其在韩国，继之如其在越南，两度启衅，美国皆出身担当。但其在战争中，皆主守不主攻，主和平不主争取胜利。其尚居世界首强之地位，早已有其名而无其实，又更何论于当前之今日。

今论欧洲史，自古希腊、罗马以来，资本主义、帝国主义皆一时居地积习使然，而非出于人类大同之天性。故其最后乃终成为今日之希腊与罗马，而更无其较远大之成就与发展。美国则居地不然，乃必自生变化，有非原始欧陆诸民族诸国家之所能类似推参者。斯其内在性情之变，虽居地相异，终自有其大同处。英国仍是一小岛国，美国则已成为一大陆国，则宜遇有此变而不足深疑矣。

以上皆余一人猜测之辞，然乎？否乎？余所不知。然余念天地生人，生大陆平地人，应是其常。生半岛小岛人，应是其变。其在美洲早有红印度人，为何不如希腊、罗马、英、法诸国人？当知天性乃有其可能，而非其必然。可能在天性，而必然则属"人文"。人生之可贵者乃在此。中国古人之胜于美洲红种人者亦在此。使中国人而移居为一海岛人或半岛人，如日本人、韩国人，其已往历史亦当与希腊人、罗马人不同。即如越南人，亦绝与法国人不同。天地之间，各有其偶然。惟人类中，有如中国人所称之大圣大贤者出，则决非偶然，而有其"必然与常然"。

　　中国《中庸》言："天命之谓性，率性之谓道，修道之谓教。"希腊人、罗马人、英、法诸国人，亦皆率性而行，不得谓其非道。但尚待有大圣大贤出，而行其教以修其道，此则惟中国人为独然。与西方人之有耶稣教仍不同。西方有耶教，但同时仍许有凯撒。中国人有尧、舜、禹、汤、文、武、周公、孔子之教，而同时无凯撒。是则西方宗教乃天与人同存。中国则道皆出于教，人必本于天，此又中西一大相异处。

　　以上余之对当前之美国，虽属一种推测之辞，正贵有如中国之大圣大贤者出，由"可能"变而为"必然"，由"天命"变而为"人生"，此则必贵于有中国人之所谓"修道之教"矣。

　　中国有庄、老，乃提倡"率性之道"。有孔、孟，则提倡"修道之教"，此又一相异。西方人每多能了解中国之庄老而加以欣赏，于孔孟则终不免有所隔离。今日在美国，正贵有孔孟者出，斯则诚人类前途大幸运所在。

欧洲西方人最知慕效中国者，惟德国人。德国立国最晚，又偏近于为一大陆国。法国近海，类于英而远于德。德国所知慕效亦仅庄老，非孔孟。庄老主"近天"，孔孟始"依人"。《中庸》言"修道之谓教"，"修道"则全赖人。世界人类皆仅能率性，惟中国乃有孔孟修道之教。今美国傥能一变其常，自异于欧洲，而转向中国，则当近孔孟在庄老之上。乃能自"修身"上进而达于"治家"，此始为其不可及处。

若论科学，中国道家稍近之。故近代英人李约瑟治中国科学史，举例亦多涉及道家言。其实庄老科学仅重在工业制造上，而儒家言科学，则更重在农业行为上。孟子言天时、地利、人和，皆指农业言。而其言天时、地利，非即今之科学而何？此下阴阳家更进于近代西方之科学，乃杂取儒、道以为言，不得谓其远儒而近道。故中国儒家所习皆言"艺"，又言儒即"术士"之称。余尝谓中国乃"艺术文化"，实则中国之艺术。即包有西方之科学。惟中国人加进一"礼"字观念，乃为西方人所不知而不能。今日傥美国而中国化，其最先一步，亦当知中国之"崇礼"。而今之美国则仅知有法，不知有礼，则又何途之可前？

又中国儒家言"贫而乐，富而好礼"，人生贵能安贫，安贫亦即道。富而好礼，则不以富骄人，乃以己富均于人。今日美国商业，方退处于日贫之境，乃惟此之为忧。所以治此病，又不责之己，一惟责之外。其最近之对日本与台湾，皆其例。台湾为中国旧文化所在，乃知有让。日本则不然，美国亦无奈之何。中国人言"途穷知变"。当今之美国，乃惟知有变，而不知有途穷，则何由知处变之道？不学无术，斯则大可忧虑者。

今再要言之，美国已在变，其变首在家庭，至于其何以变，此则在人道，而美国人不自知。中国人当前举世惟美是崇，继今以后，前途又当如何？此则更尤可忧矣。或当俟美国途穷无道，中国乃穷而知返。中国人能变，此下乃知指导美国以俱变。此则所望尚远，又非当前之可几。惟天无绝人之路，则惟待人之善自为之矣。

孔子曰："齐一变至于鲁，鲁一变至于道。"然当孔子之世，齐既不能变之鲁，鲁亦不能变之道。今则当谓"美一变至于中国，中国一变乃至于道"，此专指家庭一观念言。但如今大陆家庭，乃更不如美国甚远。则当云"中国一变乃至于美，美一变始至于道矣"。"家"更重于个人。果能自个人主义而变至于有家，斯即人道一大进步。

今再言由家而至于国。今日美国之民主政治尚个人各别竞选，此层尤当先变。中国则孙中山先生之三民主义，不言选举；而特言考试制度，而今日中国国民党已鲜知此义。知有国，不再知有家，此正中国人西化一大堪忧虑处。惜乎中国人知此者尚少。美国当前之变，决不会变向中国来，此则犹可预言者。然而父慈子孝，则乃人之天性。西方人当前尚少此一途。美国前程或终有其可希冀者，此则人道之大行。

今再综合言之。人道有家斯有国。又当于国之上有天下，此乃中国传统文化之所在。美国当前之变，是否能及于此，则在人之自开新径，自创新道。固不必一一拘守一规，斯亦可矣。
更复何言。

（一九八七年六月作，刊载于一九八八年一月《动象月刊》
十三期。此文发表后，全文又另作修订。）

图书在版编目（CIP）数据

文化学大义 / 钱穆著. --北京：九州出版社，
2012.2（2020.9重印）
ISBN 978-7-5108-1251-4

Ⅰ．①文… Ⅱ．①钱… Ⅲ．①文化学 Ⅳ．①G0

中国版本图书馆CIP数据核字(2011)第243129号

文化学大义

作　　者	钱穆　著
出版发行	九州出版社
地　　址	北京市西城区阜外大街甲 35 号（100037）
发行电话	(010)68992190/3/5/6
网　　址	www.jiuzhoupress.com
电子信箱	jiuzhou@jiuzhoupress.com
印　　刷	三河市九洲财鑫印刷有限公司
开　　本	880 毫米 ×1230 毫米　32 开
印　　张	7.125
字　　数	138 千字
版　　次	2012 年 2 月第 1 版
印　　次	2020 年 9 月第 3 次印刷
书　　号	ISBN 978-7-5108-1251-4
定　　价	25.00 元